Illustrated Journal of <THE HOST> Making

괴물

감독 | 봉준호　**주연** | 송강호 변희봉 박해일 배두나 고아성

제작 | 청어람　**배급** | 쇼박스

괴물 메이킹북

1판 1쇄 발행 2006년 8월 20일
1판 3쇄 발행 2020년 2월 19일

펴낸이 김영곤　**펴낸곳** (주)북이십일 21세기북스
출판사업본부장 정지은　**뉴미디어사업2팀** 이보람
영업본부 이사 안형태　**영업본부 본부장** 한충희
출판영업팀 오서영 윤승환
마케팅팀 배상현 김윤희 이현진
제작팀 이영민 권경민

출판등록 2000년 5월 6일 제406-2003-061호
주소 (우 10881) 경기도 파주시 회동길 201(문발동)
대표전화 031-955-2100　**팩스** 031-955-2151　**이메일** book21@book21.co.kr

(주)북이십일 경계를 허무는 콘텐츠 리더

21세기북스 채널에서 도서 정보와 다양한 영상자료, 이벤트를 만나세요!
장강명, 요조가 진행하는 팟캐스트 말랑한 책 수다 〈책, 이게 뭐라고〉
페이스북 facebook.com/jiinpill21　　　　포스트 post.naver.com/21c_editors
인스타그램 instagram.com/jiinpill21　　　홈페이지 www.book21.com
유튜브 www.youtube.com/book21pub

서울대 가지 않아도 들을 수 있는 명강의! 〈서가명강〉
유튜브, 네이버, 팟빵, 팟캐스트에서 '서가명강'을 검색해보세요!

ISBN 978-89-509-0914-6 03680

THE HOST
Illustrated Journal of <THE HOST> Making
봉준호 외 지음

괴물

21세기북스

머리말

한 편의 영화가 완성되면, 남는 것은 오로지 그 '결과' 뿐이다.

두 시간여 분량의 필름과, 그 필름이 남긴 흥행성적, 몇 줄로 요약된 수상내역 같은 것들…

그러나, 그렇다고 해서, 진정 그 영화가 만들어진 '과정' 은 증발되어버리는 것일까?

만들어진 영화보다도 더욱 드라마틱하고, 구구절절 기구한 사연들로 넘쳐나는 그 복잡한 과정이, 감독 또는 제작자가 내뱉는 "촬영 중 고생한 모든 스태프와 배우들에게 감사합니다." 같은 의례적인 수상소감 한마디로 압축될 수 있는 것일까?

〈회상, 지옥의 묵시록〉이란 영화가 있다. 프랜시스 포드 코폴라 감독의 〈지옥의 묵시록〉의 메이킹 다큐멘터리인 이 영화는, 코폴라와 제작진의 수년여에 걸친 광기 어린 사투를 생생하게 보여준다. 광기 어린 결과물의 뒤편에는, 반드시 광기 어린 제작과정이 있게 마련이다. 다큐멘터리에 의해서건, 책에 의해서건, 아니면 누군가의 기억에 의해서건… 그 과정은 반드시 지워지지 않고 보존되어야 한다.

내게 있어 〈괴물〉은 말 그대로 '괴물' 같은 영화였다. 비록 〈지옥의 묵시록〉과는 비교조차 할 수 없는 소규모(?) 영화이지만, 나름대로의 고통과 눈물, 광기와 집착을 통해 만들어졌다는 점에서는 별반 다를 바가 없다. 그 고통스러우면서도 아름다운 제작과정의 순간순간들이 이 책에 고스란히 담겨져 있다.

한 편의 영화가 완성되면, 남는 것은 생생했던 그 제작과정이다.
본편 영화만큼이나 오래도록 보존될 수 있는 '책' 이라는 형태를 빌어, 나 자신도 몰랐던 촬영 현장 구석구석의 소소한 사연들이 꿈틀꿈틀 되살아나기를…

2006년 8월 봉준호

CONTENTS

1

The River
한강

Development

Preproduction

2

The Family

가족

3

The Host

괴물

Poison
begot
the Thing

"그냥 한강에다 버리자구요."

김씨	이거는… 포르말린인데…
더글라스	정확히 '포름알데히드' 죠. 더 정확히 말하면 '먼지 낀 포름알데히드' 잘 봐요. 여기두 병마다 먼지가 잔뜩…
김씨	…
더글라스	짜증나. 죄다 싱크대에 갖다 부어버려요.
김씨	에 ?
더글라스	전부 방류하라구요.
김씨	아니 저 그게 아니라… 이건 독극물이라서 규정상…
더글라스	그냥 하수구에 부으면 돼요.
김씨	하수구에 버리면 한강으루 흘러 들어갑니다.
더글라스	그렇죠. 그냥 한강에다 버리자구요.
김씨	저기… 이게 웬만한 독극물도 아니고…
더글라스	한강큽니다. 마음을 크구, 넓게, 가집시다.
김씨	…
더글라스	아무튼… 명령이니까 부으세요.

Daddy
and Daughter

"뭐야… 아빠 맞어?"

강두	자, 한 잔 해라. 자…
현서	(뜨악) 이거 술이잖아.
강두	중학생 됐잖아, 너.
현서	(기가 찬 듯) 뭐야… 아빠 맞어?

"현서야!"

강두	이제 오는 거야? 삼촌 잘했어?
현서	오기야 왔지.
강두	계속 걱정돼 가지고…
현서	학부모 참관수업에 삼촌이 온 사람은 나밖에 없더라.
강두	그래서 내가 계속 전화했는데 안 받더라.
현서	(주머니에서 핸드폰을 꺼내며)이게 터질리가 있겠어. 이게~

Massacre
and Abduction

"저게 언제부터 저기 있었냐…"

쟁반 들고 허겁지겁 4번 돗자리로 가는 강두, 그런데 웬일인지 4번 돗자리에 사람이 없다.
뿐만 아니라, 주변의 다른 돗자리에도 사람들이 없어졌고 물건들만 남아 있다.
이상하여 둘러보니… 돗자리에서 일어난 사람들이 모두들 둔치 끄트머리에 몰려가 있다.
쑤근쑤근 술렁이는 사람들, 멀리 한강철교 아래의 '이상한 물체'를 보고 있다.
교각 아랫면에 거꾸로 매달린 독특한 형상의 물체…
워낙 먼거리인 데다가, 강한 직사광선이 만든 짙은 그늘 속에 매달려 있다 보니,
이상한 물체의 형체가 명확하게 보이질 않는다.

갑작스런 '초현실적' 상황에 넋이 나간 현서, 온몸이 그 자리에 얼어붙는데…
죽어라 달려오던 속도 그대로, 현서의 손목을 낚아채며 달려가는 강두. 현서, 강두의 우악스런 손아귀에 붙잡혀 비틀거리며 끌려가는데…
사람들 틈을 거칠게 헤치고 나가던 강두, 다른 사람과 발이 얽혀 우당탕 넘어진다.
연이어 뒤엉키며 엉망진창 넘어지는 현서, 희봉, 사람들…

아수라장 속에서 벌떡 일어나 다시 현서의 손을 잡고 뛰쳐나가는 강두. 가냘픈 손목을 움켜쥐고 정신없이 돌진하는데…

문득 옆을 돌아보니, 강두 손에 잡힌 아이는 비슷한 교복을 입은 엉뚱한 다른 소녀!
소녀는 한 손은 강두에게, 한 손은 자기 아빠에게 붙들린 채 정신없이 뛰는 중…
질겁하는 강두, 화들짝 손을 놓으며 뒤를 돌아보면, 조금 전, 사람들과 뒤엉켜 넘어졌던 자리에서 홀로이 몸을 일으키고 있는 현서!
고통스런 얼굴로 간신히 일어나면서…

현서   아빠!
강두   으아!

Chaotic Grief

"니가 아빠냐? 그러구두 니가…"

남일   얘기 다 들었어… 엉뚱한 애 손붙잡구 뛰었다메!
                      나자빠진 현서를 내비두구…… 다른 집 딸내미를…!
강두   그게… 내가… 으에엑… 내 말 좀 들어봐… 그게
남일   니가 아빠냐? 그러구두 니가…

Proof of Life

여기… 나갈 수가 없어… (지직)
… 여기 되게 큰 하수구야 (지직)… 아빠, 아빠!

핸폰	(지지지직)… 아빠! 아빠야?
강두	…!!
핸폰	(지지직) 아빠 나 현서야! 아빠, 내 말 들려?
강두	헉… 으!
핸폰	아빠… 내 말 잘 들어…(지직) 여기…나갈 수가 없어!
강두	허, 현서…
핸폰	여기 되게 큰 하수구야… (지직)… 아빠, 아빠!
강두	현서… 현서야!

"이딴 식으로 미련하게 뒤지구 다녀서 뭔 일이 되겠어?"

남일	근데, 현서가 전화루 하수구 특징 같은 거 이야기 안했어?
강두	특징?
남일	이게 뭔 힌트라두 좀 있어야지…
강두	음… 현서가… '큰 하수구다' 그랬어. 봐, 얼마나 커…
희봉	그래. 이번엔 꼭 찾을꺼 같다…
남일	찾긴 개뿔… 이딴 식으로 미련하게 뒤지구 다녀서 뭔 일이 되겠어?
	뭔가 딴 방법을 쓰든가…
남주	그만 좀 투덜거려. 그럴 시간에 하수구라도 하나 더 뒤져봐.
남일	야, 거북아. 너나 빨리 따라다녀. 이 미련하게 느러터진 동메달아!

Searching

She's Not in There

"새끼 잃은 부모 속 냄새를 맡아본 적 있어?
부모 속이 한번 썩어문드러지면 그 냄새가 십리 밖까지 진동하는 거여."

Death of an Old Man

강두
희봉

아부지, 그냥 와! 아부지 그냥 와!
니나 빨리 가! (철컥- 장전한다) 이번엔 꼭 내손으로 끝내 버릴겨!

Faint Clue

남일   사무실에서 컴퓨터만 두들기면 바로 나온다 이거지, 현서 위치가?
뚱 게바라   현서가 새벽에 전화를 했잖아. 그럼 통화기록에 기지국 위치가 떠.
              그 기지국 반경 200미터 내에 현서가 있다 이거지.
남일   간단하네. 간단하게 나오네, 현서 위치가 …

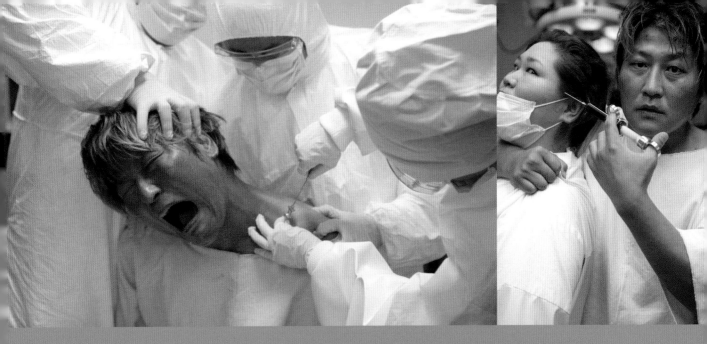

미국의사	I guess you didn't know about this.
	This is confidential information. Even among us in our team,
	only few of us know what I am about to tell you.
	Please keep it to yourself.
	〈모르셨나? 외부엔 아직 비공개구요, 우리 조사팀 내부에서도 소수만 아는 사항인데…
	(주위둘러보며) 여기선 박사님 혼자만 알구 계십쇼.〉
한국의사	Alright … 〈네… (주위 살피며)…〉
미국의사	The late Sergeant Donald, who was classified as the first victim
	of the virus… Nothing was found at the autopsy. No trace of virus
	whatsoever. No virus has been found from patients in the
	detainee's unit either.
	〈죽은 미8군 도날드 하사관 말이죠… 최초 감염자로 분류됐던 그 사람
	사체부검을 샅샅이 했는데, 바이러스가 결국 발견이 안됐습니다.
	게다가 지금 다른 격리수용 환자들한테서두 바이러스가 전혀 안 나오구 있죠…〉
한국의사	오…
미국의사	Simply speaking, NO VIRUS is to be found anywhere…
	〈한 마디루 지금, 어디에두 바이러스가 없어요…〉

중대한 사실을 담담하게 말해버리는 미국의사.
잠깐의 정적이 흐르는데… 순간, 듣고만 있던 강두가 갑자기 끼어들며,

| 강두 | … 노 바이러스?… |

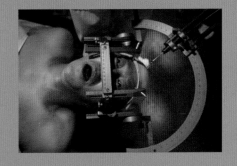

A
Big
Ditch

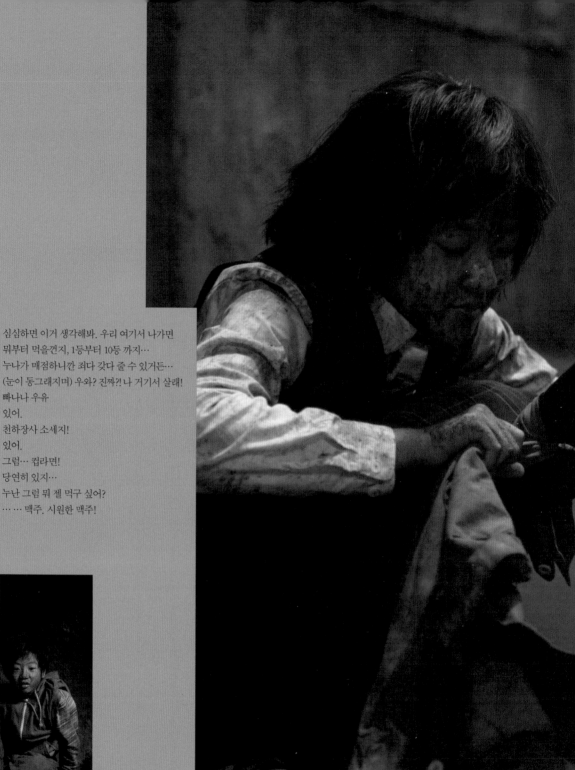

현서	심심하면 이거 생각해봐. 우리 여기서 나가면
	뭐부터 먹을건지, 1등부터 10등 까지…
	누나가 매점하니깐 죄다 갖다 줄 수 있거든…
세주	(눈이 동그래지며) 우와? 진짜?! 나 거기서 살래!
세주	빠나나 우유
현서	있어.
세주	천하장사 소세지!
현서	있어.
세주	그럼… 컵라면!
현서	당연히 있지…
세주	누난 그럼 뭐 젤 먹구 싶어?
현서	…… 맥주. 시원한 맥주!

박현서…!

Final Fight

피유- 날아가는 불화살의 궤적.
언젠가 희봉이 경탄했던, 그런 우아한 포물선을 그리며 날아가는 남주의 불화살…
과녁 한복판처럼 동그란 괴물의 눈동자에 그대로 꽂히는 불화살… 퍼펙트 골드!
순간, 솟구치는 화염에 휩싸이는 괴물의 몸뚱이!
동시에 터져나오는 남일의 환호성.
찢어질 듯한 비명 토해내며, 불덩이에 휩싸이는 괴물.

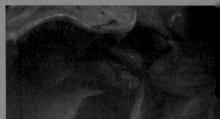

Daughter doesn't
Come Back

A New Family : Daddy and Son

41

The
River
한강
1

감독 봉준호

"고등학교 시절, 우연히 창문 밖으로 잠실대교 교각을 기어올라가는 괴물을 보게 되었다.
나는 감독이 되면 이 기억을 꼭 영화로 만들겠다고 결심했다."

수상 및 초청

〈 플란다스의 개 Barking Dogs Never Bite 〉

2000년 산세바스챤 국제영화제 공식 경쟁 부문

2001년 홍콩 국제영화제 국제비평가상

2001년 뮌헨 국제영화제 신인감독상

2001년 로테르담 국제영화제 초청

프로필

1969년생

1993년 단편 〈 백색인 White Man 〉 각본, 감독

1994년 단편 〈 프레임 속의 기억 Memories in my frame 〉 각본, 감독

1995년 단편 〈 지리멸렬 Incoherence 〉 각본, 감독

2004년 단편 〈 Sink & Rise 〉 각본, 감독

2004년 전주국제영화제 디지털 삼인삼색

　　　　디지털 단편 〈 인플루엔자 Influenza 〉 각본, 감독

2000년 장편 〈 플란다스의 개 Barking Dogs Never Bite 〉 각본, 감독

2003년 장편 〈 살인의 추억 Memories of Murder 〉 각본, 감독

〈 살인의 추억 Memories of Murder 〉

2003년 산세바스챤 국제영화제 공식 경쟁 부문 감독상,

　　　　신인감독상, 국제평론가연맹상

2003년 동경 국제영화제 아시아영화상

2003년 토리노 국제영화제 각본상, 관객상

2003년 테샬로니키 국제영화제

2003년 토론토 국제영화제

2004년 꼬냑 국제영화제 그랑프리

2004년 샌프란시스코 국제영화제

Development
개발작업

발상의 시작

1980년대 후반. 고등학교에 다니는 한 소년이 우울한 마음으로 창밖으로 펼쳐진 한 밤의 한강을 바라보고 있었다. 특별한 일이 있어서라기보다는 사춘기를 맞은 예민한 소년이 으레 겪을 법한 어두운 우울에 젖은 채였다. 소년의 집은 잠실 쪽이었고, 운 좋게도 방에선 한강이 보였다. 문득 소년의 시선을 끄는 것이 있었다. 잠실대교의 교각을 오르는 시커먼 물체. 그리고 잠시 후, 그 물체는 교각에서 미끄러져 다시 한강으로 떨어졌다. 그로부터 근 이십 년이 지나, 소년은 자신이 보았던 그 이미지를 영화로 옮겼다. 소년이 꾸었던 꿈, 또는 목격했던 실체는 100억이 넘는 예산과 3년이 넘는 시간을 거쳐 한 편의 영화가 되었다.

〈괴물〉의 이런 탄생담은 사뭇 감동적이다. 더구나《소년중앙》《어깨동무》등의 잡지에서 해외토픽이란 이름으로 '네시'나 '설인' 같은 괴이하고 특이한 사진들을 보면서 자란 감독의 동년배 세대들에게 이 영화의 기원은 하나의 동화처럼 들린다. 봉 감독의 이야기를 직접 들어보자.

괴물이 교각을 기어오르는 모습을 그린 봉 감독의 스케치

시나리오의 구체화

완성되기 전 영화 〈괴물〉은 처음에 '재난영화'라고 입소문이 났다. 사실 그건 좀 계획적인 '물 타기'이기도 했다. 괴물이 나오는 영화를 만든다는 소문이 나자 수많은 사람들이 왜 그런 무모한 시도를 하느냐고 스트레스를 주었고, '재난영화'라는 간판은 그런 스트레스를 조금은 피할 수 있게 해주었기 때문이다.

고등학교 때 한강 다리의 '괴물'을 '목격'한 이후 언젠가는 이것을 소재로 영화를 만들어야겠다는 생각을 계속 하고 있었다. 그러다 2000년, 맥팔랜드 사건이 일어났다. 보도를 접했을 때, 마치 장르영화 속에서 일어난 것 같은 이 비현실 같은 현실이 '괴물의 탄생'에 대한 실마리를 풀어줄 것이라고 직감했다. 논픽션과 장르의 관습이 만나는 지점에 늘 흥미를 느껴온 내 개인적인 취향도 작용했을 것이다.

〈살인의 추억〉이 마무리되는 시점, 〈괴물〉에 대한 아이디어를 토대로 젊은 작가분에게 이 영화의 시나리오를 맡겼다. 다른 작업으로 바빴던 시점이라 한강에 괴물이 등장한다는 내 의도를 작가에게 충분히 전달하지 못했다. 그 결과로 나온 시나리오는 괴생명체가 등장하는 장르영화의 전형적인 특징을 가지고 있었다. 밤섬을 출입하는 조류학자가 나오고, 괴물이 등장하는 특정한 시각에 우연히 그 장소에 모이게 된 여러 인물들이 등장했다. 시나리오 자체로는 훌륭했지만, 그 시나리오를 보고 나는 내가 원하는 영화는 여러 인물이 주인공이 아니라 특정한 인물의 감정에 집중하는 영화임을 깨닫게 되었다.

그 후 보게 된 영화 〈싸인〉(M. 나이트 샤말란 감독)에서 내가 생각하는 방향은 점점 더 분명해졌다. 그 영화는 신비한 현상을 다루면서도 특정한 가족에 집중하고 있으며, 그를 통해 감정적으로 몰입할 수 있는 효과를 거두고 있었다.

시나리오가 구체화되지 않은 상태에서 크리처(Creature) 디자이너 장희철 씨는 괴물의 시각화작업을 계속 진행하고 있었고 괴물의 CG(Computer Graphic) 업체 선정을 위한 작업이 이어졌다. 그 과정에서 〈남극일기〉의 임필성 감독과 함께 뉴질랜드의 웨타(Weta)를 찾았을 때였다. 갑자기 '죽은 줄 알았던 딸에게서 전화가 걸려온다' 라는 설정이 떠올랐다. 그땐 정말 기뻤다.

〈괴물〉의 시나리오는 그렇게 구체화되었다. 괴물이 등장하고 도시가 봉쇄되는 상황에서 엇박자를 놓는 한심한 가족, 그리고 그 가족이 운영하는 매점이라는 설정이 굳혀진 것은 2003년의 일이었다. 괴물에 맞서는 일가족. 그러나 그 가족은 정말 무력하고 못나고 보잘것없는 우리 이웃이어야 했다. 괴물과 싸우기에는 턱없이 부족하고 가장 어울리지 않는 … 그렇게 강두의 가족 이야기는 세상에 모습을 드러내게 되었다.

시나리오를 쓰는 과정은 정말 어렵다. 말 그대로 방 안을 굴러다니며 괴로워한다. 그리고 심지어 그 과정이 길기까지 하다. 〈괴물〉 역시 처음의 발상에서 지금의 형태로 시나리오가 잡히기까지 오랜 시간이 걸렸다. 〈살인의 추억〉 이후 2003년 7월부터 준비를 했지만, 시나리오가 완성된 것은 2005년 4월에 이르러서였다. 하지만 지나고 나서 생각해보면 이렇게 오랜 시간 동안 작업을 했기 때문에 생각을 묵히고 키워나갈 수 있었던 것 같기는 하다. 그래도 호흡이 맞는 작가가 내 의도를 잘 구현하는 시나리오를 써줄 수 있다면 좋겠다는 것이 다음 영화를 준비하는 변함없는 바람이다.

맥팔랜드 사건이란?

용산 미8군 기지 내 영안실 부소장 맥팔랜드 앨버트(Mcfarland Albert)가 2000년 2월 9일 용산 미8군 영안실에서 정화시설이 없는 하수구에 포름알데히드 20박스(475㎖짜리 480병)를 무단 방출하도록 지시한 사건. 그는 이 혐의로 환경운동단체인 녹색연합과 주한미군 범죄근절운동본부에 의해 한국 검찰에 고발됐다. 녹색연합은 독극물 무단 방류 장면을 담은 사진과 버리고 남은 빈 병, 방출 당시 한국계 미국인인 현직 주한미군 군무원 김씨의 진술서 일부 등을 증거물로 제시했다. 이 진술서에는 "영안실 부소장이 나와 일등병에게 시신 방부처리용 용액을 싱크대로 버리라는 명령을 내려 '독극물이 한강으로 흘러간다'며 항의했지만 욕설과 함께 실행을 종용했다."고 적혀 있다. 이러한 문제제기에 대해서 미8군은 독극물 방류를 시인하였으나 자체 조사를 통해서 방류량이 한국 국민의 건강에는 해를 끼치지 않을 정도였다는 입장을 밝혔다. 또한 맥팔랜드는 무단 방류를 강요하지 않았으며, 공무 중 사건의 경우 재판권이 미군 측에 있다는 불공평한 한미주둔군지위협정(SOFA) 조항을 들먹이며 한국 재판을 거부했다. 맥팔랜드 사건은 2004년 현재까지도 독극물을 버린 책임자의 처벌이 이루어지지 않은 가운데 재판이 계속되고 있다.

현재 한국에는 전국에 100개에 가까운 미군 기지가 있으며, 약 3만 7000명의 미군이 주둔 중이다. 해방 후 지금까지 발생한 미군 범죄는 10만 건에 이른다.

시나리오의 발전

〈괴물〉의 시나리오작업은 2004년 초, 조감독인 하준원 씨가 국회도서관에 틀어박히면서 시작되었다. 하준원 조감독은 도서관을 뒤져 돌연변이 생물체에 대한 자료를 수집했다. 그는 학계의 자료와 논문을 뒤져 실제로 나타난 돌연변이 생물체를 조사했는데, 어류와 양서류, 거머리, 곰치, 쥐가오리, 갑오징어, 이, 벼룩, 빈대 같은 생물들의 사진과 자료에 파묻혀야 했다. 이런 자료들이 쌓여가면서 '괴물' 의 생김새에 대한 윤곽이 분명해지고, 시나리오도 조금씩 방향을 잡아가기 시작했다.

한강을 무대로 살아가는 평범하고 모자란 가족에게 집중되는 강력한 스토리 라인이라는 원칙이 결정되고, 한강 둔치의 매점이 중요한 무대가 되었다.

시나리오에서는 어느 한 설정이 결정되면 그 설정에 맞춰서 이야기 전개가 당위성을 가지도록 다른 설정도 결정되는 경우가 많다. 예를 들어 강두 가족의 막내아들인 남일은 가족 중에서 유일하게 4년제 대학을 졸업했으나 취직을 못 하고 있는 인물로 설정되었다. 남일은 학생운동을 한 이력이 있긴 하지만 대단하게 앞장을 섰던 것도 아니고, 그 이력으로 득을 보는 것도 없다. 군이 표현하자면 '변두리 운동권' 이라고 할까. 남일의 설정이 그렇다 보니 나중에 남일을 도와주고 배신하는 선배 뚱게바라(뚱뚱한 체 게바라)의 존재와 남일이 화염병을 던지는 장면이 자연스럽게 이어질 수 있었다. 그리고 현서의 위치를 추적하기 위해서 뚱 게바라는 이동통신 회사에 근무하는 것으로 결정되었다.

또한 통제된 텅 빈 한강의 매점을 '서리' 하는 앵벌이 아이들의 등장은 시나리오에 결정적인 변화를 낳게 하였다. 애초 현서가 죽지 않는 방향으로 진행되고 있었던 시나리오는, 앵벌이 아이들이 등장하면서 현서가 죽고 대신 세주를 살리는 쪽으로 바뀌었다. 현서의 죽음으로 강두는 노랗게 탈색했던 머리색을 원상복구하고 검은 머리카락으로 돌아간다. 엔딩 장면에서 보이는 강두의 이런 변화는 현서의 죽음 – 세주의 (재)탄생 – 강두의 (재)탄생으로 이어지는 이 영화의 또 다른 축을 시각적으로

하준원 조감독

보여준다.

사실 시나리오에서 중요한 모티브로 등장했던 것은 바로 '황도 통조림'이었다. 시나리오에서는, 학교에서 돌아온 현서가 매점에서 고모 남주의 시합을 텔레비전 중계로 보고 있으면 아빠 강두가 딸에게 황도 통조림을 먹여주는 장면이 있다. 감독은 아빠와 딸의 관계, 현서에 대한 강두의 맹목적이고 커다란 사랑을 표현해내고 싶었다고 한다. 이 버전의 시나리오에서는 엔딩 장면 역시, 강두가 현서를 그리워하며 한강 둔치에 황도 통조림을 올려놓는 것으로 설정되었다. 그러나 최종적으로 이 황도 통조림은 캔 맥주로 대체되었다.

완성된 영화 장면에서는, 텔레비전을 보는 현서에게 아빠 강두는 캔 맥주를 권하고, 한 모금 마신 현서는 "아이, 써!"라며 불평을 한다. 아빠 강두가 여느 '정상적'인 아빠에 비해 무신경하고 조금은 생각이 없다는 것을 보여주는 동시에, 현서라는 아이가 아직 맥주의 맛을 알지 못하는 어린아이라는 사실을 보여주는 장면이다. 나중에 괴물의 은신처에서 현서와 세주 두 아이가 먹고 싶은 음식을 이야기하는 장면이 나오는데, 거기서 현서는 시원한 맥주가 먹고 싶다고 말한다. 맥주의 맛도 알지 못하는, 맥주 한번 시원하게 마셔보지도 못한 이 어린 소녀가 가족들 중에서도 가장 가혹하고 끔찍한 상황에 갇혀 있음을 나타내는 장면이며, 또한 아빠와 가족들을 간절하게 그리워하고 있다는 것을 은유적으로 보여주는 장면이기도 하다. 남과 다른 성장과정과 가족 속에서 자라난 현서는 나이에 비해 대차고 의젓해서, 괴물에 잡혀온 상황에서도 아빠가 보고 싶다고 우는 아이가 아니다. 대신 현서는 "맥주를 마시고

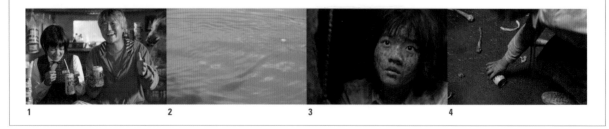

싶다."고 말한다. 그리고 아빠에게 전화를 걸고 세주를 마지막까지 보살피며 탈출을 시도한다.

무척 빠르게 전개되는 이야기 속에서 매점에서 아빠와 보내는 짧은 한때가 아니면 현서와 아빠의 관계를 보여줄 수 있는 장면이 없다. 이 장면에서 아빠와 딸 사이의 끈끈하고 강한 애정과 이 부녀 사이의 남다른 유대관계를 보여주지 못한다면, 이후의 영화 전체에서 가족들이 현서를 구하기 위해 시도하는 모든 노력들이 설득력을 잃을 수도 있었다. 결국 촬영 현장에서 황도 통조림은 맥주로 대체되었고 시나리오도 그에 따라 '맥주 라인'으로 수정되었다.

감독이 시나리오 집필 과정과 프로덕션 과정에서 가장 고민한 문제 중의 하나는 '장르'에 대한 것이었다. 이미 관객들은 괴수영화라는 장르에 익숙해져 있기 때문에 이 장르의 관습을 어떻게 따르고 어떻게 피해갈 것인가, 어떻게 기존의 장르를 교란시키고 혼합할 것인가라는 과제는 영화 〈괴물〉이 풀어야 할 큰 숙제였다. 물량으로 승부하는 할리우드 영화와는 분명히 차별점을 가지면서도 한국적이고 독특한 '괴물' 영화를 만들어낸다는 것은 쉬운 일이 아니다.

관객들이 보아온 할리우드의 괴수영화는 대부분 명백한 규칙을 보여준다. 괴물은 대규모의 파괴를 일삼고 도시(또는 지구 전체)는 혼란과 위기에 빠진다. 그 괴물에 맞서는 영웅적인 인물이 등장한다. 괴물의 등장으로 관심의 초점을 받게 되는, 그간 주류 학계에서 인정받지 못하던 천재 과학자, 환경학자, 저널리스트 등이 주인공이 되고, 대부분의 경우에 그 주인공들 사이에서 모종의 남녀관계가 형성되곤 한다. 괴물의 등장이나 형태 역시 장르의 규칙을 따른다. 괴물은 처음에는 어두운 밤이나 비 내리는 날, 일부분 또는 윤곽만 흐릿하게 보여준다. 그리고 조금씩 조금씩 몸의 형체를 드러낸다. 괴물에 대한 관

봉준호 감독이 제작자인 청어람 최용배 대표에게 처음으로 〈괴물〉의 아이디어를 이야기하던 2002년 3월, 직접 합성해서 만든 사진. 네스 호의 괴물 사진과 한강을 합성했다. 봉준호 감독은 괴물의 움직임에 관한 이미지를 영화의 시나리오가 완성되기 전에도 분명하게 결정해두고 있었다. 직접 그린 이 스케치도 제작자와의 회의 때 보여주었다. "다른 감독이라면 몰라도 봉준호 감독은 (이런 규모와 장르의 영화를 만들고 마무리하는 데에 있어) 뒷감당을 할 수 있을 것이라고 확신했다."고 영화가 완성되어갈 무렵 최 대표는 말했다.

봉 감독이 포토샵작업을 해서 최 대표에게 내놓은 괴물 이미지들.

객의 호기심과 공포를 슬쩍슬쩍 자극하면서.

반면 영화 〈괴물〉은 독특하다. 한강 둔치에서 매점을 운영하는 평범한 가족, '시스템'에 맞서 무력하기만 한 사람들이 주인공이다. 그들이 괴물과 맞서면서 보여주는 행동들 역시 장르영화의 규칙을 완전히 깬다. 가족들은 병원에 수용되었다 탈출하며, 몸으로 괴물과 '시스템'에 맞선다. 영화 내내 이들을 움직이는 동인(動因)은 '현서를 구해야 한다'라는 생각이다. 할리우드의 괴수영화 장르의 주제라고 할 수 있는 '혼란에 빠진 지구를 구한다'라는 명분은 이들과 아무런 관련이 없다.

영화의 또 다른 주인공인 괴물 역시 영화의 초반에서 백주 대낮에 온몸을 드러내고 한강 둔치를 활보한다. 영화 초반부에서 강두가 던지는 캔 맥주를 괴물이 받아먹을 때만 해도 관객들은 이 괴물의 전신노출은 나중의 일이 될 것이라고 느긋하게 예상한다. 그런데 돌연 괴물은 둔치로 올라와 쿵쿵거리며 뛰어다닌다. 대낮의 햇살 아래 괴물의 온몸이 드러난다. 실제로 칸느 영화제에서 〈괴물〉이 상영되었을 때 이 장면에서 해외 관객들은 황당함과 놀라움을 감추지 못했다.

봉준호 감독은 "장르를 의식하면서 그것을 바꾸고 섞으려 노력한 것이 아니라, 캐릭터와 상황에 몰입해서 따라가다 보니 장르가 이질적으로 혼합되고 비틀려 있는 특이한 결과에 이르렀다."고 말한다. 감독의 전작들에서도 나타나는 이런 특징은 봉준호 감독 개인의 성향에 힘입은 것일 수도 있고, 장르영화의 규칙에서 출발하되 결국에는 그 규칙을 비틀면서 가지고 놀고자 하는 감독의 의식적인 노력에서 비롯된 것일 수도 있다.

Cinema
note

괴물의 등장 장면 사진과 산 페르민 축제 사진 비교

괴물이 백주 대낮에 한강 둔치를 달리고 사람들이 괴물을 피하기 위해 흩어지는 장면(1번 사진)은 스페인의 팜플로냐에서 매년 7월 열리는 산 페르민 축제의 다큐멘터리 영상에서 힌트를 얻은 것이다. 스페인에서는 산 페르민 축제 동안 매일 투우용 소를 마을에 풀어놓는다. 마구 달려가는 소들, 피하며 흩어지는 사람들, 그 광경을 높은 곳에서 바라보는 사람들의 모습(2, 3, 4번 사진)은, 한강 다리 위 버스 안에서 할머니의 시선으로 '한강 둔치를 백주 대낮에 달려가는 괴물과 그를 피하는 사람들' 장면의 원형이 되었다.

1   2   3   4

Preproduction
촬영 전 준비

스토리보드와 애니메틱스

강두가 다른 아이 손을 잡고 도망가는 장면을 그린 콘티북.

예전에는 스토리보드를 연출팀에서 많이 만들었지만, 요즘은 전문작가가 스토리보드를 전담하는 경우도 많아졌다. 봉준호 감독의 경우는 영화의 구상 단계에서부터 본인이 원하는 이미지가 분명하게 잡혀 있는 편이어서 스토리보드에 감독이 직접 적극적으로 참여한다. 전체를 다 맡아서 그리지는 않지만 중요한 장면의 경우에는 스케치를 하여 원하는 그림을 모든 스태프들에게 제시하는 것이다. 〈괴물〉의 경우에도 감독이 머릿속에 있는 그림을 직접 스토리보드로 옮긴 부분이 많았다. 〈괴물〉의 스토리보드에서 특기할 만한 부분은 애니메틱스(animatics)를 사용했다는 것이다. 애니메틱스는 할리우드 대작영화에서도 쓰이기 시작한 지 그리 오래 되지 않은 기법이다. 원래 광고나 마케팅 분야에서 쓰이던 사전조사 기법인 애니메틱스는, 시각적인 이미지나 개념을 애니메이션으로 표현하는 것을 가리킨다. 영화 현장에서 쓰이는 애니메틱스는 3D 스토리보드(또는 이미지 보드)라고 설명하는 것이 제일 이해가 쉽다. 특정 장면에서 카메라와 캐릭터들이 어떻게 움직이는지를 러프한 애니메이션으로 미리 만들어보는 것이다. 우리나라에서도 얼마 전 〈청연〉에서 주인공의 비행 장면을 미리 애니메틱스로 제작했던 사례가 있다. 〈괴물〉은 특히 애니메이션 크리처인 괴물이 없는 상태에서 현장 촬영을 감행해야 했기 때문에 미리 괴물까지 포함된 애니메틱스를 만들어보는 과정이 배우들의 연기나 촬영, 조명 세팅에 꼭 필요했다.

〈괴물〉의 프리페인팅. 프리페인팅은 스토리보드와 달리 완전한 회화의 형태로 완성되기 때문에 색상이나 질감 같은 핵심적인 요소들을 미리 실험해 볼 수 있다는 장점이 있다. 〈괴물〉의 프리페인팅을 맡은 이지송 씨는 극도로 사실적이면서 자기만의 독특한 터치를 가진, 미술계의 주목을 받는 젊은 화가다.

가족은 이렇게 뭉쳤다

영화 〈괴물〉 캐스팅의 특징은 아역배우들을 제외하고는 조연과 단역으로 나오는 배우들 모두 봉준호 감독과 이전에 작업을 해본 이들이 출연하고 있다는 점이다. 일단 변희봉 – 송강호 – 박해일 – 배두나로 이어지는 네 명의 주연(봉준호 감독이 '변송박배'라고 부르곤 하는)은 시나리오 단계에서 이미 결정되어 있었다.

일각에서는 이런 캐스팅에 대해 "너무 안전하게 가는 게 아니냐." "봉준호 사단이 생기는 것은 아니냐."라는 지적을 하기도 했다. 그러나 이제껏 시도해본 적이 없는 장르인 영화 〈괴물〉을 연출하는 감독의 입장에서는 배우와의 호흡에 대한 모험까지 시도하는 것은 너무 큰 부담이었을 것이다. 특히 봉준호 감독은 배우와 감독의 커뮤니케이션을 중요하게 여기면서도 그 커뮤니케이션에 이르기까지의 과정이 쉽지 않은 성격. 배우와 친해지기까지 의외로 오래 걸리고, 감독과 배우가 조금씩 서로 이해해가기까지 시간과 노력이 많이 걸린다고 한다. 그런 입장이니만큼 한 번 이상 함께 일했던 배우들로 이 영화를 채우고 싶었던 마음도 자연스럽다. 더구나 〈괴물〉에서 최고의 적역을 맡아 스크린을 가득 채우고 에너지를 발산할 수 있는 이 배우들을 만난 관객이라면, 군이 감독의 전작에서의 인연을 거론하지 않을 것이다.

변희봉 씨는 봉준호 감독의 첫 번째 장편 〈플란다스의 개〉에서 경비원으로 인상적인 연기를 펼친 이후 한국영화에서 '재발견'된 바 있다. 〈살인의 추억〉 역시 그의 연기를 빼놓고서는 말하기 어려웠으리라. 송강호 씨 역시 〈살인의 추억〉에서 변희봉 씨와 환상적인 호흡을 보여주며 자신의 필모그래피에서 두고두고 인상적일 연기를 펼쳤다.

〈살인의 추억〉을 통해 자신의 이름을 확실히 한국영화계에 알리고 이후 주연급 배우로 부상한 박해일, 〈플란다스의 개〉에서 엉뚱하고 몽상적이면서도 묘하게 현실적인 캐릭터를 보여준 배두나 역시 〈괴물〉에서 '박강두의 가족'으로 참여했다.

현서는 아역이지만 영화의 한 부분을 책임져야 하는 중요한 역할이다. 아역배우 고아성 양은 텔레비전 드라마 〈떨리는 가슴〉에 함께 출연했던 배두나 씨의 추천으로

2차 오디션에 참가했고, 〈괴물〉에서 '아역배우가 아닌 그냥 배우' 라는 평가를 받게 되었다. 와이어 연기와 한강에 여러 번 빠지는 연기까지 해야 했던지라, 이 영화에서 가장 육체적인 고생이 심했던 배우로 꼽힌다. 세주를 맡은 이동호 군은 촬영 기간 동안 현장에서 아이다운 호불호의 행동 때문에 본의 아니게 '80명의 스태프들을 다스린다.' 라는 말을 들었다. 오디션을 통해 영화에 참가하게 되었고, 어린 나이에 결코 쉽지 않았을 연기를 감당해냈다.

앵벌이 형제의 형 세진을 맡은 이재응 군은 〈살인의 추억〉 오프닝 장면에 출연하면서 봉준호 감독과의 인연이 시작되었고 〈효자동 이발사〉에서 송강호 씨와 함께 연기를 했다. 〈사랑해 말자씨〉 등의 영화들에서 주연으로 출연한 배우지만 이 영화에서는 등장하자마자 곧 죽음을 당하는 역할. 그럼에도 불구하고 내내 침착한 태도와 연기를 보여줘서 다른 배우들과 스태프들에게 강한 인상을 심어주었다고 한다.

〈괴물〉의 조연 및 단역을 맡은 배우들의 면면을 보면 '이 배우가 한 장면 나오고 안 나오다니 너무 아깝다.' 라는 느낌을 받게 된다. 노란색 방역복을 입고 가장 더운 날 고생했던 김뢰하 씨(〈플란다스의 개〉에서 노숙자 역을 맡은 이래 〈살인의 추억〉에서 조 형사 역으로 액션 및 누와르 전문 배우로 자리잡은 배우), 박해일을 돕는 노숙자 역을 맡아 영화의 엔딩에서 결정적인 역할을 하는 윤제문 씨(봉준호 감독의 단편 〈싱크 앤드 라이즈〉와 〈인플루엔자〉 출연), 홍신소 색안경 역으로 적절한 보수를 받고 강두 가족의 병원 탈출을 돕는 박노식 씨(〈살인의 추억〉의 백광호는 그의 본명처럼 쓰인다), 강두가 인질로 잡는 간호사 역의 고수희 씨(〈플란다스의 개〉에서의 인상적인 연기를 기억하는 관객이 아직도 많다) 등은 연극계에선 이미 쟁쟁한 배우들로, 봉준호 감독의 영화를 통해 관객에게 '재발견' 된 공통점이 있다.

카메오라고 하기엔 비중이 큰 역할인 뚱 게바라 역할의 임필성 감독 또한 배우를 거론하면서 빠뜨려서는 안 되는 인물이다. 평소 봉준호 감독과의 돈독한 친분을 유지했던 임필성 감독은 이 역할을 정식으로 제안받아 진지한 연기를 펼쳤다. 〈플란다

스의 개〉에 출연했던 임상수 감독과 더불어 감독의 연기력을 보여준 경우라고 하겠다.

송강호(박강두 역)

1967년생 | 영화 〈남극일기〉 〈효자동 이발사〉 〈살인의 추억〉 〈YMCA야구단〉 〈복수는 나의 것〉 〈반칙왕〉 〈공동경비구역 JSA〉
〈쉬리〉 〈조용한 가족〉 〈넘버3〉 〈초록물고기〉 등

"가장 바보 같은 사람이기 때문에 가장 처절하게 싸울 수 있는 박강두 역은 송강호 이외에 다른 배우는 상상할 수 없었다." - 봉준호 감독

한국영화에서 보기 드문 괴수 장르영화에 출연한다는 것은 배우에게는 모험을 감수해야 하는, 쉽지 않은 선택이었을 것이다.

"어느 배우라도 마찬가지였을 것이라고 생각합니다. 이런 영화가 한국 영화사상 기획된 적도 없고, 실제로 촬영을 한다는 게 엄두가 안 나는 영화였고요. 하지만 봉준호 감독에게서 얘기를 들었을 때는 미지의 세계에 감독으로서 도전하고 탐구하는 정신이 엿보였어요. 봉준호 감독에 대한 철저한 신뢰가 있었기에 이 작품에 임할 수 있었습니다."

박강두라는 캐릭터는 정상과 비정상의 경계에 묘하게 걸쳐져 있는 인물이라 연기하기가 어려웠을 것이다. 송강호 씨는 본인만의 독특한 '박강두' 를 만들어내는 데에 성공해서 〈괴물〉을 본 관객들에게 찬사를 받았다. 함께 작업한 배우들이나 스태프들 모두 송강호 씨의 집중력과 연기력에 대해 새삼 감탄을 아끼지 않았다. 박강두는 바보도 아니지만 그렇다고 평균적이거나 평범한 인물도 아니다. 코믹한 대사는 많지만 그렇다고 남을 웃기는 캐릭터도 아니다. 그의 대사들은 선문답 같은 것이 많다. 현서에게서 전화가 온 후 그 진위 여부를 따지는 경찰에게 "사망을 했는데… 살아 있다고요."라는 대사가 대표적이다. 텔레비전에 지명수배 사진이 나오자 "현서에게 보여줘야 하는데, 아빠 TV 나왔다고."라는 대사도 웃기는 동시에 서글픔이 묻어나야 하는 어려운 연기.

"〈괴물〉은 은유성이나 상징적인 느낌이 강한 영화가 아닌가 생각합니다. 세주나 강두의 선문답 같은 대사 자체가 상당히 아이러니하고, 은유적이죠. 그게 이 사회에 대한 직설적인 풍자라는 생각이 듭니다. 죽었는데 살아 있다는 거 이게 말이 안 되는 거죠. 하지만 그게 사실입니다. 〈괴물〉이라는 작품을 통해서 봉준호 감독이 얘기하고 싶은 거대한 조직이나 사회의 모순점을 간략하지만 직설적이고 명쾌하게 대변하는 그런 대사들이 아닌가 해요."

박강두의 대사들은 일견 엉성한 애드리브처럼 보이지만 사실은 매우 정교하게 짜여진 것들이다.

"강두가 마지막에 세주를 보고, '현서랑 같이 있었어?' '우리 현서 알어?' 라고 말합니다. 너무나 일상적인 대사임에도 불구하고, 상황에 안 맞는 말이거든요. 그게 박강두의 캐릭터인 거 같아요. 딸이 죽은 걸 이미 확인한 뒤의 대사인데, 살아있는지 죽었는지 확인도 안 되는 세주를 보고 이런 말을 하는 것이죠. 저는 읊조린다고 표현하고 싶은데… 현장에서 나온 대사지만, 마지막까지 현서에 대한 애틋함, 부성애, 이런 것들이 묻어 나오지 않았나 해요."

변희봉(박희봉 역)

1942년생 | 영화 〈주먹이 운다〉 〈공공의 적2〉 〈여선생VS여제자〉 〈시실리2km〉 〈살인의 추억〉 〈불어라 봄바람〉 〈선생 김봉두〉 〈화산고〉 〈플란다스의 개〉 등

"〈살인의 추억〉에서 변희봉과 송강호의 쉴새없는 애드리브를 보고,
　　　아버지와 아들의 흥미로운 조합을 발견할 수 있었다." - 봉준호 감독

강두의 아버지 박희봉 역을 변희봉 씨는 이렇게 분석한다.

"저는 항상 어떤 인물을 맡으면 시나리오를 읽으면서 초년—중년—노년 이렇게 나눠봅니다. 그래서
어디에서 어떤 대사가 아, 젊어서는 이랬을 것이다. 중년에는 이랬을 것이다 하면서 내 나름대로 설정
을 합니다. 이번에도 보면 알겠지만 (강두의 아버지는) 젊어서는 가족을 외면하고 상당히 방탕한 생
활을 한 사람이 아니었나 싶었어요. 그 방탕했던 시절을 표현하기 위해서는 무엇을 하면 좋을까 고민
하다가, 앞니를 두 개 새로 해 박았어요. 어느 시점에서 이를 새로 했다는 사실을 보여줄 것이니까요.
또 배를 (만들어서) 넣었어요. 제가 인상이 좀 강한 편이라서, 그렇게 배가 좀 나와 있으면 노년의 부
드러운 인상이 될 수 있을까 해서 넣었습니다."

이 아버지가 특히 큰아들에 대한 걱정과 애정이 남다른 것 같다는 질문에 대
해 변희봉 씨의 대답은 이렇다.

"우리나라는 옛부터 큰아들이라면 마구잡이로 위하곤 했었죠. 이 영화에서 가족 구성원에서 재미있는 것이 바로 이 삼남매의 설정입니다.
아버지의 입장에서 큰아들을 유독 생각해줄 수밖에 없는 이유가 있어요. 강두는 정상적인 것 같으면서도, 정상이 10이라면 9정도 되는, 1이
부족한 단세포적인 생각을 하는 그런 인물이에요. 그런데 불행하게도 이 큰아들이 일찍 결혼을 해서 실패를 했어요. 그것도 부인이 도망을
가버렸어요. 딸 하나 낳아놓고. 그런 아들을 보는 아버지의 마음이 어떻겠어요? 그런데 그 딸을 괴물한테 잃어버리게 됩니다. 참 눈물나는
대목입니다. 그래서 아버지가 더 마음이 쓰일 수밖에 없지요.

또 하나는 큰아들을 제대로 못 가르쳤다는 죄책감입니다. 큰아들을 가르쳐야 하는 그 무렵에 아버지가 방탕했다는 그런 죄책감이 있는 것
이죠. 그래서 둘째는 그야말로 컵라면 팔아서 대학을 보냈던 것입니다.
손녀를 잃은 것은 정말 눈물나는 대목입니다. 아버지가 생각할 때 내 아들에게 딸이 있다는 것은 정말 불행 중 다행인 일이었어요. 강두를
책임져줄 수 있는, 내가 사후에 믿고 갈 수 있는 손녀가 있다는 것이 큰 희망이었습니다. 그 손녀가 사고를 당했어요. 물론 송강호 씨가 겪은
그 아버지의 마음은 더했을지 모르지만, 할애비의 마음도 정말 처참합니다. 어떻게라도 손녀를 구해야 한다는 마음, 손녀가 없는 상황에서
큰아들이 앞으로 어떻게 살아갈 것인가라는 걱정, 삼남매가 똘똘 뭉쳐서 살아가느냐, 아니면 배운 자식을 잘못 가르쳐서 형을 버리게 내버
려둘 것이냐 하는 갈등… 이런 것들이 군데군데 가슴을 뭉클하게 하는 대목이 되지 않을까 합니다."

박해일(박남일 역)

1977년생 | 영화 〈소년, 천국에 가다〉 〈연애의 목적〉 〈인어공주〉 〈질투는 나의 힘〉 〈살인의 추억〉 〈국화꽃향기〉 〈와이키키 브라더스〉

"갓 뜯어낸 밧데리처럼 주체할 수 없는 에너지로 가득찬 배우다."

- 봉준호 감독

<괴물>에서 박해일이 맡은 캐릭터는 박희봉의 둘째 아들이며 박강두의 동생인 박남일.

"가족들 중에서는 지식인이라 불리는 유일한 대학 졸업생인데요. 가족 내에서는 약간 투덜이 스머프 같은 인물이에요. 사회 공간에서는 낙오자가 된 폐쇄적인 느낌도 있지 않나 싶었어요. 하는 일마다 일도 잘 안 풀리고, 대학 졸업해서 직장도 구해봤는데 여러 번 떨어지고. 그걸 영화에서 표현할 수 있는 게 술이라고 생각했어요. 남일이는 술이랑 친한 친구인데, 저는 그 친구에게 정감이 가더라구요. 말도 많은 친구예요. 사실 나가서는 그렇지 않은 것 같은데, 가족들이랑 있을 때는 괜히 성질을 부리는 거죠. 이면을 뜯어보면 내심 착한 면이 많은 친구죠."

"감독님 말씀이 남일이는 기타의 여섯 줄 가운데 제일 가느다란 고음을 내는 1번 줄일 것 같다고 하셨어요. 그런 사람이 시끄러울 수 있어요. 그런데 가족 구성원 안에서 그런 시끄런 소리가 있어야 하잖아요. 가족의 대소사나 안 좋은 일이 있을 때 평소 떠들던 애가 가족애를 보여줄 때는 더 강한 게 아닐까 그런 염두를 했었죠. 크랭크인 하기 전에 남일이는 징징을 입어도 쎈 디가 나고 '날다'가 니 보이는 느낌일 것이라고 하셨는데, 사실 저도 그랬거든요. 좋은 대학을 나오지도 않았고… 그래서 내 이야기를 하는 건 아닌가 싶었어요."

"개인적으로 분향소 장면이 참 기억에 오래 남습니다. 아수라장인 상황에서 가족과의 어떤 감정을 주고받는 연기를 해야 하는 상황이잖아요. 오열하고 감정 기복이 심한 상황이었구요. 무엇보다 그 장면에서 긴장을 많이 했어요. 극중에서 형으로 나오는 송강호 선배를 나무라면서 가격도 하고 그런 장면이 있었는데, 영화를 찍기 전부터 상당한 숙제였어요. 가족을 때린다는 걸 이해시킨다는 게 쉽지 않은 상황인데 그걸 어떻게 정서적으로 맞아 떨어지게끔 할까 감독님에게 고민을 털어놨어요. 다행히도 2 테이크 만에 오케이가 났어요. 그 신이 저한테는 제일 중요한 포인트였어요. 연기의 '합'이 맞춰지지 않은 애드리브적인 상황이었고, 기본적인 상황만 주어졌기 때문에 '감정이 나오는 대로 하면 조금 더 설득력 있지 않을까.' 라고 생각하고 연기했습니다."

아버지가 죽은 후 가족이 뿔뿔이 흩어지는 장면에서 남일은 과거로의 회귀 같은 여정을 경험한다. 그 장면에서 관객들은 '투덜이 스머프' 이며 '낙오자'로만 보이던 남일에게 공감과 연민을 가지게 된다. 봉준호 감독이 가족이 흩어진 이후 남일이 제일 이득을 봤다고 농담을 할 정도. 그러나 그런 연민과 공감은 내면에 선한 마음과 가족애를 담고 있으면서도 살아가는 일에 떠밀려 많은 것을 박탈당한 박남일을 현실감 있게 표현한 배우 박해일의 힘이 없었다면 불가능했을 것이다.

배두나(박남주 역)

1979년생 | 영화 〈린다 린다 린다〉 〈봄날의 곰을 좋아하세요?〉 〈튜브〉 〈굳세어라 금순아〉 〈고양이를 부탁해〉 〈복수는 나의 것〉 〈청춘〉 〈플란다스의 개〉 〈링〉

"작품에 온몸을 담고 연기하는 배두나는 감독에게 큰 기쁨이다."

- 봉준호 감독

영화 개봉 이전 인터뷰에서 배두나 씨는 〈괴물〉에서 영화 인생 2기를 시작하는 마음으로 하겠다고 말했고 자신의 말에 책임을 지기 위해 마음의 부담을 늘 느끼면서 작업했다.

"개인적으로 가장 중시하는 연기관이 진심으로 연기한다는 것이에요. 내 마음에서 진심으로 나가지 않으면 절대로 관객들이 받아들이지 않는다고 생각하기 때문에 손가락짓 발가락짓 하나에도 꼭 진심을 담으려고 노력해요."

사전에 봉준호 감독과 배우 배두나라고 하면 떠오르는 '만화적인' 느낌을 배제하자는 합의를 보았다고 한다.

"〈괴물〉에서는 양궁선수다운 차분한 이미지라던가 만화스럽지 않은 몸 동작 같은 걸 보여주려고 했어요. 그래서일까 저도 모르게 몸에 제약을 걸게 되더라구요. 오버하지 않도록. 유머러스한 지점에서도 저는 현서에 대한 감정선을 처음부터 끝까지 가져가려고 노력했어요. 저는 고모였고 현서에게 엄마와 비슷한 역할이기 때문에 더더욱 그랬어요."

배두나 씨가 맡은 박남주는 양궁선수. 그간 한국영화에서 등장하지 않았던 독특한 직업이다.

"양궁선수라는 의견이 처음부터 나온 것은 아니었는데 제가 하고 싶다고 했었어요. 양궁선수다운 침착한 몸동작이나 성격에 대해 봉 감독님이 이야기를 많이 해주셨고, '굉장히 느린 양궁선수'라는 별명은 촬영하면서 생겼어요. 저는 나름대로 정말 열심히 빠릿빠릿하게 했는데 찍힌 화면은 느린 양궁선수로 나오더라구요. 그래서 아주 느린 양궁선수로 가게 된 거죠. 처음에는 대사도 없고, 어떻게 준비해야 하지 하는 걱정이 많았어요. 남주 머리를 하고 트레이닝복을 입으면서, 하면서 점점 윤곽이 잡힌 것이죠."
　스태프들 사이에서 '배두나 고생 시리즈'라는 유행어가 생겼을 만큼, 배두나 씨는 여배우로서 감당하기 어려운 '액션'을 소화해야 했다. 단벌 트레이닝복 하나로 하수구에 빠지고 거대한 한강 다리의 교각을 오르내리고 둔치를 달리면서 편안했다는 배두나 씨. 사람이 흙칠을 하고 화장을 안 했어도 마음이 진심이면 더 반짝반짝 빛난다고 생각하고 연기를 했다고 한다. 배두나 씨의 촬영이 제일 먼저 시작되었기 때문에 혼자서 게릴라 여전사처럼 한강변을 누비고 다녔는데, 고소공포증과 싸우며 높은 교각 철골 위에 혼자 올라가 있는 장면에서 밤새 한강에 몸을 담고 있는 장면까지 '종횡무진' 고생을 했다.

배두나 씨는 〈괴물〉의 박남주에 대해 어떤 생각을 가지고 있을까.

"남주 같은 캐릭터는 정말 현실적인 캐릭터라고 생각해요. 눈물 흘리는 것도 마음이 약해서라기보다는 정말로 상황이 처절했기 때문에 어쩔 수 없이 자연스럽게 우는 것이구요. 그런 면에서 지금까지의 역할과는 다른 것 같아요."

고아성(박현서 역)

1992년생 | 드라마 MBC〈떨리는 가슴〉, KBS〈울라블라 블루짱〉, MBC〈슬픈연가〉

"나이는 어리지만 야무지고 당찬 그녀는 아역배우가 아니라 그냥 '배우'이다."

- 봉준호 감독

초등학교 3학년 때 〈플란다스의 개〉를 보다가 내용이 이해가 잘 안 되어 잠이 들었던 소녀 고아성은 중학생이 되어 그 감독의 세 번째 영화 〈괴물〉에 출연했다.

"시나리오를 처음 받고 이해가 안 가는 부분이 많아서 몇 번을 더 보았는데, 그 무렵에 콘티가 나왔어요. 콘티북은 만화책 같잖아요. 그래서 화면 같은 걸 더 잘 이해할 수 있었어요. 시나리오에 지문이 많아서 촬영할 때 어떤 느낌으로 해야 할지 알 것 같았어요. 영화가 딱딱한 분위기도 아니고 짓누르는 것도 아니고, 뭐라고 설명해야할지 모르겠어요. 읽고 〈플란다스의 개〉 생각이 났어요. 전체적으로 현실적이지는 않잖아요."

중학교 1학년이 되어 공부 욕심도 많았고 CG배우인 괴물과 나오는 신이 많기 때문에 촬영 중에는 상대역이 없는 상황에서 연기를 하는 것도 부담이 되어 고아성 양은 처음에 출연을 망설였다고 한다. 하지만 "자신이 없더라도 도전할 수 있는 사람이야말로 진짜 자신감 있는 사람"이라는 어머니 말씀에 힘을 냈다고.

"시놉시스를 보면 평범한 아이지만 괴물을 만나고 나서 용감해진다는 얘기가 있는데 현서에 대한 첫인상이 그거였어요. 감독님이 설명해주셨는데 '매점과 집의 상황이 짜증나지만 그래도 거기서 즐겁게 살아간다.'고 했거든요. 은신처 들어가기 전까지는 평범하지만 은신처 들어가고 나서 한 아이를 보호하는 굉장히 당당한 아이라고 생각을 했어요. 제 나이가 (영화 촬영을 한) 작년에 현서랑 같아서 은신처 전까지는 연기하기 쉬웠어요. 그런데 은신처에서 한 아이가 오잖아요. 그 아이한테 도움을 받는 게 아니라 줘야 하잖아요. 그때부터 그 아이를 지키려고 하는 마음이 있었던 거 같아요. 아무도 말해주지 않았지만. 저는 집안에서도 막내고, 제가 누군가를 도와준다거나 보호해주는 일이 없이 항상 보살핌을 받았거든요. 그래서 그런 부분이 어려웠어요."

선배 배우들과 함께 연기하면서 많은 것을 배웠다는 고아성 양은 송강호 씨에게서 들은 연기에 대한 충고를 오래 기억하겠다고 말했다.

"배우는 자신감이 있어야 한다고. 카메라 앞에서 현실적이지도 않은 연기를 한다는 것은 굉장히 어려운 일이라고, 그래서 그 조언을 잘 새기고 있어요. 그리고 드라마는 그 순간만 보여주지만 영화는 그 과정을 다 보여준다고, 그리고 영화가 더 섬세한 연기를 할 수 있다고 얘기해주셨어요. 은신처에서 우는 장면이 있었는데, 제가 그때 눈물이 안 났어요. 저는 눈물이 나는 게 중요하지 않다고 생각을 하고 연기했는데, 송강호 아저씨가 모니터를 보면서 저거는 보통 아역배우들이 할 수 없는 연기라고 하셨어요. 그 연기에 감동했다고 말씀해주셔서, 그때 정말 기분 좋았어요."

촬영 전 준비

〈괴물〉의 촬영은 2005년 시작되었지만, 사실 이 영화를 위한 준비는 2003년 12월부터였다. 연출부가 꾸려지면서 시나리오작업과 자료 조사작업이 진행되고, 미술감독과 미술의 콘셉트를 발전시켜나가면서 괴물의 크리처 디자인작업이 병행되고 있었다. 이런 물밑작업들과 더불어 시각효과를 위해 외국의 업체들과 접촉하면서 여러 가지 가능성을 타진하는 일들도 함께 진행되었다.

시나리오가 완성되면서 제작팀도 본격적으로 헌팅에 들어가고, 예산 규모도 보다 구체화되기 시작했다. 촬영 및 조명팀과 회의를 거쳐 테스트 촬영을 하고 기자재도 결정했다. 연출팀은 시각효과팀과 더불어 이런저런 테스트를 따로 해야 했다. 화면 사이즈는 시네마스코프 사이즈인 2.35:1이 아니라 1.85:1로 결정되었다. 블록버스터급 영화인데다 장르가 장르이니만큼 와이드 화면으로 볼거리를 제공해야 하는 게 아니냐는 고민이 컸다. 하지만 현실적으로 보이면서도 수직공간을 잘 살려낼 수 있는 사이즈, 폐쇄된 공간 안에서 움직이는 괴물과 화면의 수직성을 강조하기 위해서는 1.85:1의 비율을 고집할 수밖에 없었다.

캐스팅은 다른 영화에 비해 비교적 일찍 결정되었던 터라 상대적으로 고민이 적었다. 시나리오 단계에서부터 주연배우들은 결정이 되어 있었고, 아역배우들에 대한 오디션만 남아 있었다.

봉준호 감독과 연출팀은 괴물을 위한 자료 조사로 국회도서관과 뉴스 소스를 뒤지는 이외에도 시각효과가 들어간 영화들의 DVD를 모아서 보고 또 보아야 했다. 특히 DVD에 수록되어 있는 시각효과에 대한 해설 부분은 봉 감독과 연출부들에게는 정보의 보고였다. 〈반지의 제왕〉시리즈나 〈에일리언〉시리즈, 〈스타워즈〉〈헐크〉 등의 감독 코멘트와 시각효과 해설 장면은 하도 보면서 연구를 많이 하다 보니 나중엔 줄줄 외울 정도. 영화 속 시각효과를 구현하는 장면을 보고 〈괴물〉의 시각효과에 응용한 부분도 많았다.

대구 지하철 참사와 삼풍백화점 붕괴 참사 역시 진지하게 리서치를 했던 주제. 이런 대형 참사 이후의 사후 조처(합동분향소 설치나 정부의 대처 방식)에 대한 연구가 필요했다. 사스(SARS) 역시 봉준호 감독의 관심사였다. 질병 그 자체보다 질병으로 인한 집단적인 히스테리의 양상이 흥미롭게 느껴졌기 때문이다.

촬영 현장에 나가는 모든 스태프들과 출연진은 촬영에 앞서 파상풍 예방주사를 미리 맞아야 했다. 늘 물이 고여 있고 어두운 한강의 우수구에서 진행되는 촬영이다 보니 만에 하나 발생할 수도 있는 감염을 미리 예방하기 위해서였다. 필요한 절차라고 생각하며 짐짓 가볍게 치렀지만, 왠지 마음 한구석이 비장해지는 기분이었다고들 한다.

각 파트 모두, 생소하고 새로운 장르의 영화라 낯설었지만, 그 새로움에 도전한다는 매력에 이끌려 〈괴물〉을 만들어가고 있었다. 새로운 것에 대한 매혹은 어쩌면 영화에 몸담은 모든 사람의 불치병인지도 모른다. 어려운 과정일 것이 뻔한 상황이어도 기꺼이 그 일에 풍덩 빠져들어 어떻게든 끝까지 헤쳐나가고 그 끝에서 보람을 느끼는 것이 영화를 만드는 사람들의 버릇이니 말이다.

촬영에 앞서 파상풍 예방 주사를 맞는 변희봉 씨.

카메라 준비

크랭크 인 이전, 카메라팀은 몇 가지 중요한 숏들에 대한 테스트 촬영에 들어갔다. 특히 괴물이 교각으로 오르내리는 장면을 구현하는 스테디캠 숏은 골프 카에 스테디캠을 실어서 만들어내기도 했다. 괴물이 처음 둔치에 나타나서 활약하는 부분 역시 사전 촬영을 거쳐서 동선을 짜야 했다.

봉 감독이 영화 장면을 어떻게 찍을지 직접 그림을 그리고 메모해놓은 스토리보드 중 일부

제작팀의 구성

2003년 1월, 프리프로덕션 과정에서 제작팀 구성이 시작되었다. 처음에는 조능연 프로듀서와 제작실장, 제작부장, 세 사람이었고 이 상태에서 그 해 연말까지 제작에 필요한 기본적인 일들을 해나갔다.

일단 CG에 대한 공부가 제일 시급했다. 제작팀은 3D 크리처가 나오는 모든 자료를 구할 수 있는 대로 구했다. 시네펙스(Cinefex) 같은 잡지, 3D 컴퓨터 그래픽이 나오는 영화의 DVD, 각종 영상자료, 책 등을 모두 뒤져서 CG제작에 대한 자료를 리서치했다. 한편으로는 로케이션을 위해 한강의 구석구석을 찾아다니며 헌팅을 시작했다. 감독이 찍어놓은 사진과 동영상이 참고가 되었음은 물론이다. 각국의 CG업체를 물색하고 접촉하는 것도 제작팀의 일이었다.

〈괴물〉은 워낙 준비할 게 많은 영화고 또 그 준비의 대부분을 '맨땅' 에서 시작해야 했기 때문에 1년이란 세월이 그 준비과정에서 쉽게 지나갔다. 2004년 1월 제작부 인력이 추가로 더 보충되었고 제작팀은 프로듀서를 포함해 9, 10명이 움직이게 되었다. 2004년 1월에 시나리오가 나와 브레이크다운을 하고 연출팀, 제작팀, 미술팀(소품, 분장) 등은 각각 자신의 할 일을 정리했다. 연출팀은 각종 역할별로 장면구분표, 장소구분표 등의 표작업을 하고, 제작팀은 나름의 표작업을 한다. 기본적인 예산을 짜는 것도 이 단계. 장면별로 필요한 장비와 임대할 것, 직접 제작해야 할 것들을 담당 파트별로 정리한다. 그럼 〈괴물〉의 제작과정을 총지휘했던 조능연 프로듀서로부터 예산과 프로듀싱에 대해 들어보자.

예산과 프로듀싱

영화 〈괴물〉의 크랭크 인은 잠실대교 옆의 낚시꾼들 장면, 크랭크 업은 통신사 내부를 찍은 디자인센터였다. 감독의 입장에서는 장면 하나하나가 심혈을 기울여 어렵게 찍은 것들이겠지만, 프로듀서의 입장에서는 촬영 여건과 상황이 어려워서 유독 고생한 장면들이 기억에 남게 된다. 촬영이 가장 어려웠던 장면은 괴물이 처음으로 등장하는 서강대교와 아버지 희봉이 죽는 동작대교, 클라이맥스를 촬영한 원효대교 신을 들 수 있다. 서강대교는 한낮에 2, 3백 명의 보조출연자를 통제하면서 찍어야 하는데다가, 주차장을 비롯한 한강 둔치 공간을 충분히 확보해야 하는 문제가 있었다. 동작대교 장면은 장마가 시작된 이후에 찍은 것이라 비가 와서 한강의 물높이를 맞추는 문제가 정말 어려웠다. 보름 넘게 촬영을 했는데 그 와중에서 계속 비를 맞으면서 불평 한마디 없던 송강호 씨를 비롯한 배우들에게 다시 한 번 감탄했다.

원효대교 장면은 워낙 유동인구가 많은 지역이고 또 그 유명한 자전거 대여소가 있는 곳이라 촬영을 위해 공간을 만드는 것이 정말로 어려웠다. 촬영이 시작되면 700여 명의 보조출연자가 움직여야 했다. 역시 가장 어렵고도 기억에 남는 촬영이었다.

〈괴물〉에서 가장 어려움이 남는 부분은 CG작업. 다른 분야도 물론 마찬가지겠지만 CG는 돈과 시간을 들이면 들일수록 좋은 결과가 나온다. 만지면 만질수록 만족할 만한 결과가 나온다는 사실을 뻔히 알면서도 시간과 예산이라는 제약 때문에 어느 정도의 선에서 타협하고 포기해야 하는 때가 온다. 그런 장면들은 볼 때마다 아쉽고 마음에 남는다.

하지만 그런 상황 속에서도 만족스러운 결과를 보여주는 신을 보면 보람도 느껴진다. 성산대교 아래에서 방역차가 괴물에게 습격당하는 장면이 그런 경우. 괴물이 트럭을 부수면서 그 위로 내려앉는데, 촬영과정에서 트럭 세 대가 부서졌다. 이런 장면은 기존의 예가 없이 처음 만들어본 장면인데 나중에 보니 CG효과도 좋았고 자연스러워서, 볼 때마다 보람을 느낀다.

3D CG나 시각효과에 대해 잘 알지 못하고 시작한 작업이었지만 영화 한 편을 끝내고 나니 제작팀의 입장에서 이런 영화에 대해 어느 정도의 노하우는 쌓은 것 같다. 과정과 인력, 장비에 대한 정보도 조금은 쌓았다. 예를 들자면 프랙티컬 이펙트(Practical Effects)에 대해 기본적인 인식을 쌓은 것도 소득의 하나라고 할 수 있다.

괴물이 나와서 차를 부순다면 괴물의 움직임뿐 아니라 차가 흔들리고 움직이는 효과 역시 중요하다. 그런 뒷받침이 없다면 괴물의 움직임이 아무리 훌륭해도 CG와 실사 장면이 따로 놀게 된다. 이런 효과를 만들어주는 것이 프랙티컬 이펙트다. 괴물이 물보라를 일으키는 장면 같은 것은 보트로 만들어보려고 했지만 아무래도 어려워서 CG로 구현했고, 괴물이 매점을 엎는 장면은 크레인을 이용해서 무게 2톤 정도의 매점을 실제로 넘어뜨렸다. 상황에 따라 이 화면을 어떻게 구현할 것인가에 대한 판단을 내리는 것이 중요했다.

프로듀서의 일에서 가장 중요한 것은 역시 예산의 작성과 집행이다. 〈괴물〉은 초기 예산을 작성하던 당시에는 120에서 130억 원 정도의 규모가 될 것이라고 예측을 했다. 그 가운데에서 CG에 투자할 수 있는 최대치는 20~30억 원정도가 되리라는 것이 애초의 예상이었다. 이 당시만 해도 아직 CG 업체가 정해지지 않았기 때문에 시각효과 예산이 구체화되진 않았었다. 2004년 1월 시나리오가 나온 후 브레이크다운에 들어갔다. 처음 시나리오 브레이크다운에서 나온 예산 규모가 130억 원이었다.

오퍼니지(Orphanage)로 업체가 결정되고 난 후 CG예산이 구체적으로 나왔다. 오퍼니지는 비록 ILM 같은 대규모 회사가 아니고 3D 크리처 영화 경험이 상대적으로 적기는 하지만, 고급인력이 일하고 있는 수준 높은 회사다.

CG에 대한 변수가 줄어들면서 예산도 당초 예상보다는 조금씩 줄어들었다. 특히 모든 CG를 미국에 의존하지 않고 한국에서 작업할 수 있는 부분은 한국에서 맡기로 하고 담당업체를 정하면서 예산 면에서 많은 도움이 되었다.

영화 전체의 예산도 110억 원의 규모로 결정되었다. 그 가운데에서 비주얼 이펙트(Visual Effects)에 투여되는 예산이 50%에 육박하게 되었다. 이 비율은 오퍼니지의 CG뿐 아니라 애니메트로닉스, 프랙티컬 이펙트, 한국에서 작업한 컴퓨터 그래픽 등을 모두 포함한 것이다. 그 외의 비용들은 다른 영화들과 마찬가지로 촬영진행비, 스태프 인건비, 장비대여비, 각종 스태프팀(미술, 분장, 소품)의 작업비, 장소사용료, 밥값, 차량대여비, 리서치 비용 등이었다. 그렇게 산출한 예산이 2005년 3월 기준으로 106억 원의 규모였다.

100억 원을 넘기지 않기 위해서 제작사와 감독, 프로듀서가 다 함께 고민을 하고 예

영화 촬영 중 무전기로 지시 중인 조능연 프로듀서.

1995 〈아름다운 청년 전태일〉 제작부
1997 〈삼인조〉 제작부
1998 〈정사〉 제작책임
2000 〈플란다스의 개〉 제작부장
2001 〈나도 아내가 있었으면 좋겠다〉 제작부장
2002 〈신동양 슈퍼맨〉(단편) 프로듀서
2003 〈조선남녀 상열지사 스캔들〉 라인프로듀서
2003 〈싱크&라이즈〉(단편) 프로듀서
2004 〈인플루엔자〉(2004 전주영화제 디지털 삼인삼색) 프로듀서
2006 〈괴물〉 프로듀서

산을 줄일 수 있는 부분에서 줄이려고 노력도 많이 했다. 예산에서 가장 큰 변수는 역시 CG 부문이어서 이 예산을 어떻게 줄일 수 없을까에 대해 많은 논의가 오갔다. 2005년 6월, 촬영 직전까지 예산에 대한 논의는 이어졌다. 다행히 큰 이견은 없이 의견을 조율하는 정도로 회의가 진행되어갔다.

비주얼 이펙트 부분에서 가장 늦게까지 결정되지 않은 것은 괴물의 머리 부분을 애니메트로닉스로 제작할 것인가의 문제였다. 이 부분을 풀 디지털로 하느냐 아니냐의 문제, 그리고 애니메트로닉스를 어느 업체에 맡기느냐의 변수는 영화적으로도 그리고 예산 면에서도 결코 적지 않은 변수가 될 것이었다. 결국 애니메트로닉스를 사용하기로 결정하고 오퍼니지의 케빈 래퍼티(Kevin Rafferty)의 추천을 받았다. 케빈 래퍼티가 추천한 곳은 티펫(Tippet)과 존 콕스(John Cox), 또 다른 업체 두 곳이었다. 이 가운데에서 티펫이 제시한 견적은 10억, 존 콕스는 2억의 규모였다. 결국 존 콕스 측으로 결정이 되었고, 촬영 현장에 직접 와서 애니메트로닉스를 조종할 인력들, 운송비용, 크레인 이동 비용 등을 감안해서 애니메트로닉스에는 도합 3억 원 정도의 예산이 할당되었다.

〈괴물〉의 스태프 구성이나 배우 캐스팅에서 프로듀서로서는 감사한 마음이다. 국내 최고의 스태프들이 선선히 영화에 참여해서 역량을 발휘해주었다. 다른 영화에서 주조연급인 배우들이 단 한 장면을 위해 기꺼이 출연해주었다. 특히 김뢰하 씨에게는 감사하고 미안하다.

마케팅 단계에서 홍보나 언론의 관심이 괴물에 집중되었지만 영화 〈괴물〉이 지금같이 '실감나는' 화면으로 완성된 데에는 사실 배우들의 공이 크다. 영화에서 쉬운 장면이 없었고 배우들이 멋있고 예쁘게 나오는 장면도 없다. 생전 가볼 일이 없을 한강의 우수구와 교각 위, 한강의 외진 곳 등에서 몸 고생도 많았다. 어느 장면이 가장 어려웠는지를 꼽기 힘들 정도였다. 와이어 장면도 많았다. 그런 고생 속에서도 '보이지 않는' 괴물을 상대로 훌륭한 연기를 보여준 배우들이야말로 영화 〈괴물〉의 자랑이다.

제작 에피소드

괴물이 죽음을 맞는 클라이맥스를 찍기 전, 원효대교 교각이 새로 칠해져 있는 것을
발견한 제작팀. 헌팅 당시의 느낌과 장면의 분위기를 살리기 위해 '낡아 보이는' 느
낌을 내기 위해 미술팀들이 어렵사리 교각에 다시 페인트칠을 했다. 그 상태에서 20
회차(시간적으로는 한 달 반 정도)의 촬영을 마쳤다. 물론 영상위원회에 연락을 해
서 교각을 새로 칠하겠다고 통보를 한 후 허가를 받은 이후에 거친 작업이었다.

촬영이 끝나고 얼마 후 제작팀에게 원효대교 교각 담당자로부터 연락이 왔다. 약 두
달 전 쯤에 새로 바뀐 담당자가 촬영 도중에는 확인을 못하다가 끝나고 가서 보니까
교각이 이상하게 칠해져 있는 것을 발견한 것이다. 방수 페인트로 새로 칠한 교각인
데 그 위에 덧칠을 해서 못 쓰게 되었으니 새로 방수 페인트를 칠하는 비용을 청구
해왔다. 그 비용이 3억 원이었다.

알고 보니 촬영 당시 영상위원회에서 시설관리공단으로 연락은 되었지만, 서류 문
제로 공문이 완결되어 있지 않았던 것이다. 결국 제작팀과 영상위원회에서 백방으
로 다니면서 사정을 설명하고 양해를 구해 새 페인트 칠 비용을 6천만 원까지 깎을
수 있었다. 원효대교의 교각은 다시 방수 페인트로 칠해졌지만 6천만 원의 추가 제
작비를 지로용지로 받은 제작팀의 모습은 두고두고 화제가 되었다.

각종 군장비와 트럭, 군복을 준비해야 했던 군 병력 철수 장면.

괴물의 첫 습격이 있는 서강대교 장면. 주차장에 차를 채워넣기 위해 한 달 정도 500대 분량의 차가 필요했다. 수소문 끝에 동남아로 수출되는 차를 선적 전에 한 달 정도 싸게 빌려 280대의 차를 채워넣었다. (1대를 한 달 정도 대여하는 비용이 1만 원 정도) 인천항에서 트레일러에 차를 싣고, 밤 10시부터 새벽 6시까지만 작업을 해서 차를 정돈해야 했다. 사이드 브레이크가 채워져 있고 열쇠가 없는 차는 지게차로 옮겼다. 촬영은 성공적이었지만, 영화상에는 주차장의 차들이 나오는 신은 2컷 정도. 그것도 몇 대의 차만 화면에 스쳐 지나가고 만다.

괴물이 등장한 이후 한강에는 대대적인 소개작업이 벌어진다. 하지만 이 장면에 필요한 군 병력의 출연에는 군의 협조를 얻지 못했다. 군복과 트럭, 각종 군 장비를 직접 준비해야 하는 상황. 다른 영화나 방송에서 제작한 물품을 섭외했지만 필요한 분량의 30% 정도밖에 충당할 수 없었다. 대본에서 원하는 물량의 70% 정도로 가자고 연출팀과 제작팀은 합의를 보았다. 그리고 나머지 40% 정도를 자체 제작해야 하는 상황. 미술팀과 소품팀은 군 장비를 직접 만들어내느라 한동안 강도 높은 노동에 시달렸다.

촬영 당시 원효대교 교각의 모습

스태프들이 촬영 전에 차를 옮기고 있다.

제작자
최용배 대표

시네마서비스에서 배급 총책임으로 6년 동안 일하다 독립하기 직전,
조금 긴 해외여행을 다녀왔다. 돌아와 보니 서울에선 〈플란다스의 개〉라는 영화가 상영되고
있었다. 관객은 그리 많지 않았지만 영화가 '틀림없이' 재미있었다. 봉준호라는 신인감독을
만나 같이 영화 한번 해보자고 제안한 것도 그 이유였다.

그러던 어느날, 봉준호 감독이 직접 합성해서 만든 '한강
에 나타난 네스 호의 괴물 사진'을 보여주었다. 그것이
〈괴물〉의 출발이었다. 좀 황당하기도 했지만 새로운 시
도와 모험이라는 점이 마음을 끌었고, 봉준호 감독에 대
한 신뢰가 있었기에 "재미있겠다. 해보자."고 했다. 황당
하고 좀 어설픈 듯한 괴생물체 사진 한 장 때문에 대형 프
로젝트를 결정하게 된 것이다.

조사를 해보니 한국영화 중에 이런 장르로 성공적인 작
품이 거의 없다시피 해서인지, '괴물영화' 장르 자체에
대한 불신이나 거부감이 많았다. 처음에는 일부 투자자
들도 그런 입장이었다. 그러다 영화가 제작되어가면

서 차츰 영화 자체와 제작사에 대한 믿음이 커졌고, 투자
의사를 밝히는 투자자들이 늘어갔다.

봉준호 감독의 드라마는 특유의 유머와 사회성을 보여준
다. '괴물영화'라는 장르와 그런 특징이 어떻게 녹아들
지 궁금하기도 했고 걱정도 되었는데, 완성된 시나리오
를 보고 기가 막힌 조합이라고 생각했다. 영화를 관통하
는 탄탄한 드라마 안에서 장르적으로, 기술적으로 새로
운 시도와 모험을 할 수 있다는 것은 제작자로서 흥미롭
고 신나는 일이었다.

많은 사람들이 이 영화를 제작하는 것에 우려를 표했다.
그리고 실제로 힘든 점도 많았다. 남들이 하지 못했던 것

에 도전한다는 제작자로서의 자부심, 영화 〈괴물〉이 한국영화의 또 다른 전환점이 될 것이라는 확신, 이런 것들이 어려움을 버터내게 한 원동력이었던 것 같다. 가장 힘들 것이라고 생각했던 해외 기술진과의 작업과정에서도, 오히려 외국 스태프들과 의기투합하여 능률적이고 효율적으로 진행하여 좋은 결과를 만들어낼 수 있었다.

〈괴물〉처럼 큰 예산이 운용되는 프로젝트에선 제작자와 감독의 호흡이 가장 중요하다. 예산이 적지 않다 보니 가끔은 제작자로서 마음이 초조할 때도 없지 않았다. 더구나 해외 CG작업과의 병행 문제로, 정해진 시간 안에 해내야 하는 작업량은 상상을 초월했다. 그런 상황에서도 봉준호 감독은 애초 약속한 스케줄 내에 끝내려고 최선을 다했다. 사전 준비를 제대로 하지 않았다면 불가능했을 일이었고, 그 부분에 대해 봉 감독에게 고마운 마음이다.

청어람은 2002년 한국영화 전문 배급사로 출발한 이래, 〈효자동 이발사〉를 시작으로 〈작업의 정석〉, 〈흡혈형사 나도열〉, 그리고 〈괴물〉을 포함하여 2006년 가을 개봉

예정인 〈사과〉까지 제작사로서 차근차근 영역을 확장하고 있다. 〈괴물〉을 2003년부터 기획하기 시작했으니 4년 가까이 되는 시간을 준비해온 셈이다. 이 영화가 회사로서나 제작자로서나 확실한 전환점이 될 것이라고 믿고, 새롭고 의미 있는 한국영화 제작에 몰두하게 해줄 좋은 디딤돌이 되리라 생각한다.

청어람 최용배 대표

1989년 ~ 1994년	〈남부군〉 외 조감독
1994년 ~ 1997년	㈜대우 영화사업부 제작투자 담당
	〈투캅스〉, 〈마누라 죽이기〉, 〈꽃잎〉, 〈테러리스트〉
	〈아름다운 청년 전태일〉, 〈너에게 나를 보낸다〉 등
1997년 ~ 2001년	㈜시네마서비스 배급담당 이사
	〈넘버3〉, 〈편지〉, 〈여고괴담〉, 〈인정사정 볼 것 없다〉
	〈주유소습격사건〉, 〈텔미썸싱〉, 〈신라의 달밤〉,
	〈엽기적인 그녀〉, 〈킬러들의 수다〉, 〈봄날은 간다〉, 〈화산고〉 등
2001년 ~ 현재	영화사 청어람(주) 대표이사

촬영 장소 헌팅

〈괴물〉의 제작팀이 꾸려진 때는 2004년 1월이었다. 인력 구성이 끝난 제작팀은 대본을 놓고 '스크립트 브레이크다운' 작업에 들어가서 로케이션의 콘셉트를 1차로 정리한 후 헌팅을 시작했다. 제일 먼저 섭외한 장소는 역시 영화의 주무대인 지하 공간. 괴물의 이동 경로와 은신처를 결정하고 강두 가족이 수색하는 공간을 결정해야 했다. 그러기 위해 한강의 수많은 다리들 주변에 있는 우수구와 하수구를 비롯해 청계천이나 상계동 욱천 등의 복개천, 빗물 펌프장을 일일이 다니면서 촬영에 적합한지의 여부를 확인했다. 괴물이 활보하는 장면이나 매점, 주차장이 있는 한강의 둔치는 그 다음으로 중요한 곳. 이 두 범주의 공간들이 어느 정도 윤곽을 잡은 이후 다시 한강의 다리들을 여러 각도로 관찰해야 했고, 한강이 아닌 영화 속의 다른 공간들(사무실, 합동분향소, 폐차장, 남일이 돌아다니는 시내 곳곳, 남주의 양궁 경기장)에 대한 헌팅에 들어갔다.

이런 헌팅이 본격화되기 전에 연출부는 영화와 관련된 각종 자료들을 모으기 시작했다. 맥팔랜드 사건, 하남공단의 폐수 방류 현장, 뉴스 자료 화면 등을 뒤지면서 하나씩 모아가는 동안 제작팀 역시 본격적인 헌팅을 위한 자료들을 준비했다. 〈괴물〉의 공간과 비슷한 느낌의 지하 공간이 등장했던 영화와 방송 자료, 일본의 강변 지하 공간의 자료를 취합했다. 그 단계에서 일본의 강변 지하 공간이 우리의 그것과 비슷하다는 사실을 알게 되었고, 토목 전공의 교수님을 통해 일본의 교량 및 하천 관리(또 그 관리와 관련된 펌프나 우수구 등의 공간)에 대한 자료를 구하게 되었다.

한강이 주무대가 되는 영화다 보니 촬영을 위해서 접촉해야 하는 단체나 공공 기관도 적지 않았다. 처음에 서울영상위원회와 연결이 되어, 건설관리공단, 한강시설관리공단, 건설교통부, 서울시청 등으로 관련되는 단체들을 하나씩 접촉했고 결국에는 협조를 얻어내어 촬영을 진행할 수 있었다.

2004년 5월에는 지하 공간을 비롯한 한강 둔치 등에 대한 일차 헌팅이 끝났다. 하지만 한강을 배경으로 한다고 해서 한강에서만 촬영이 진행되는 것은 아니었다. 한강이 아닌 수도권의 하천으로 헌팅의 범위가 넓어져서 2개월이 더 소요되었다. 7월에는 감독과 연출팀이 로케이션 공간을 확정하기 위해 헌팅했던 장소들을 직접 다니기 시작했다. 이 과정만도 한 달 정도가 걸렸다. 9월이 되자 기본적인 로케이션의 콘셉트가 결정되었고, 이제부터는 새로 수정된 콘셉트를 가지고 다시 헌팅을 시작해야 했다. 괴물의 은신처를 서강대교로 할 것이냐 원효대교로 할 것이냐 역시 이 단계에서 고민이 많았던 문제였다. 처음에는 진입하기 쉽고, 아래쪽에 발판이 있어 촬영이 편한 서강대교를 선택하려고 했다. 하지만 이곳의 우수구는 규모가 원효대교에 비해 작았고 괴물이 사는 곳이라는 느낌이 적었다. 결국 규모는 크지만 진입하기도 어렵고 아래쪽엔 물도 차 있어서 촬영에 어려운 원효대교 부근 우수구로 확정이 되었다.

로케이션 장면에서 결정이 어려웠던 부분 중 또 다른 하나는 강두의 가족들이 현서를 찾는 장면을 찍은 우수구다. 처음에는 반포대교의 우수구로 결정이 되었다. 이곳의 미로처럼 복잡한 느낌이 장면의 느낌을 살려주었기 때문이다. 하지만 반포대교 우수구는 그 안에 저수지처럼 물을 모아두었다가 물이 차면 펌프를 이용해 한강으로 뽑아내고 있었다. 그래서 한강에 비가 많이 오거나 홍수가 나면 팔당댐에서 방류를 하고, 그 6시간 후면 반포대교 우수구는 사람의 키 높이만큼 물이 차버린다. 팔당댐의 방류 여부를 계속 체크하면서 방류 후 6시간 이내에 촬영을 철수하면 되지 않느냐는 의견도 있었다. 하지만 감독이 직접 이곳을 방문한 이후 반포대교 우수구는 포기했다. 너무 위험하기도 했고, 장면을 나눠 찍으려면 시간을 확보하기도 어렵다고 판단했기 때문이다.

서강대교 우수구(왼쪽)와 원효대교 부근 우수구 헌팅 사진.

왜, 한강인가

2004년 가을. 부산국제영화제의 PPP에 〈괴물〉이라는 이름으로 소개되기 이전 이 영화의 프로젝트 명은 〈더 리버 The River〉였다. 이 영화에서 한강이 차지하는 의미가 크다는 사실을 드러내주는 작명이다.

봉준호 감독이 고등학교 때 '한강 교각을 올라가는 괴물'을 목격하고 언젠가 그것을 소재로 영화를 만들겠다고 결심한 이래, 한강은 영화 〈괴물〉의 무대로 일찌감치 로케이션이 결정되어 있었다.

평소에도 봉준호 감독은 '공간'에 집착하기로 유명하다. 뮤직비디오와 단편영화를 포함한 그의 모든 작품들에서 공간은 말없는 주인공으로 기능한다. 그가 특히 관심을 보이는 공간은 겉보기에는 매우 일상적이고 평범하면서도 이면에 모종의 긴장을 감추고 있는 곳이다. 〈플란다스의 개〉에서 (감독이 신혼 시절 살았던) 평범한 아파트가 배후에 복잡한 이미지와 이야기를 감춘 복합적인 공간으로 변했고, 〈살인의 추억〉에서 80년대의 평범하고 고요한 시골 마을과 들판이 끔찍한 공포와 범죄를 감추고 있는 공간으로 드러나는 것처럼 말이다.

영화 〈괴물〉에서 한강의 재현 역시 그렇다. 서울에 살거나 또는 서울을 일상 공간으로 해서 살아가는 사람들에게 한강은 너무나 익숙한 곳이다. 비단 그들뿐 아니라 텔레비전과 다른 미디어를 통해 재현되는 한강은 한국인에게는 전형적이고 익숙한 이미지다. 제5공화국의 '치수사업' 이후 조성된 한강 둔치는 날마다 텔레비전 뉴스와 드라마에 등장한다. 그 둔치에서는 연인들이 다투거나 사랑을 속삭이고, 아이들은 연을 날리거나 자전거를 탄다. 양쪽으로는 높은 빌딩과 아파트 단지들이 펼쳐진다. 홍수 때면 수위를 알려주는 뉴스속보팀이 한강 다리 위에 서서 이 상황과 별로 관련이 없는 전국민을 상대로 한강의 상황을 생중계해준다. 올림픽대로와 강변북로, 여러 다리들, 한강 둔치(표준어가 고수부지에서 둔치로 바뀌었다)는 항상 일상적이고 뻔해 보였다.

하지만 한강은 가까이서 보는 순간 이미지와 의미가 돌변한다. 도심을 가로질러 흐르기에는 너무나 큰 이 강은 유속과 유량이 결코 만만치 않다. 뉴스에 나오지는 않지만 한강 어디에선가 투신자살을 시도하거나 감행하는 사람들은 끊임없이 나온다. 가까이서 들여다보면 그 강의 색깔은 검고 탁하며, 물살은 험하다. 인위적으로 한번에 조성된 우수구, 하수처리 시설 등의 규모와 구조는 그로테스크하기 짝이 없

낚시하고 있는 사람을 찍은 한강 헌팅 사진.

다. 매일 수많은 사람들이 건너는 한강 다리들도 보는 각도에 따라 거대하고 기괴하면서, 저마다 독특한 개성과 생명을 가진 존재처럼 보인다. 봉준호 감독은 영화 〈괴물〉의 준비과정에서 몇 천 장에 이르는 한강의 사진을 찍었다. 아이와 함께 자전거를 타러 나왔다 찍기도 했고 혼자 차를 타고 가다가 문득 '저 이미지다!' 라고 느껴지는 풍경 앞에서 카메라를 꺼냈다. 연출팀이 꾸려진 이후에는 스태프들 역시 한강을 답사하고 연구했고, 그들이 찍은 사진이 또 부지기수다.

또한 한강이 지니는 정치적, 사회적인 의미 역시 이 영화에서 간과할 수 없는 부분이다. 굳이 삼국시대의 '한강 유역 쟁탈전' 까지 거슬러올라가지 않더라도, 한강은 한국의 근대사에서 중요한 위치를 차지한다. 1960년대의 경제개발 정책의 결과가 '한강의 기적' 으로 불리었던 사실을 기억해보라. 한국의 경제와 국력을 보여주기 위한 화면에서 '비포 앤드 애프터' 의 사례로 언제나 등장했던 한강변의 전경을 기억해보라. 그리고 이 영화의 출발에 커다란 힌트가 되었단 '맥팔랜드 사건' 을 비롯한, 한강에 미치는 여러 층위의 정치적인 힘들을 생각해보라.

이 모든 의미를 통합하면서도 가장 일상적이고 평범한 공간. 그것이 한강이었다. 가장 일상적인 공간에 가장 낯선 생명체가 나타난다. 그것이 영화 〈괴물〉의 출발점이었다. 그리고 그 충돌을 어떻게 '당연하고 자연스럽게' 보이도록 할 것인가라는 점이 영화를 만드는 감독의 고민이었다.

한강의 재발견

우리가 매일 접하는 친근한 한강. 그러나 잘 들여다보면 한강의 숨은 모습들이 속속 드러난다.

한강은 우리의 생활 가운데 자리잡고 있다. 출퇴근길에 건너야 하는 강이기도 하고, 운동도 하고 데이트도 하고 휴일에 가족과 바람도 쐬러 나오는 공간이기도 하다.

감탄이 절로 나오는 한강의 교각들. 교각들은 각자 자기만의 모습으로 아름다움을 뽐낸다.

한강의 다리들은 어디에서, 어떻게 보느냐에 따라 신기한 조형물로 변한다.

한강 곳곳에 숨어 있는 공간들. 우리가 상상하지 못했던 이런 숨은 공간에서 괴물이 탄생했다. 영화 〈괴물〉을 보고 난 사람들은 한결같이 한강이 달리 보인다고 말한다. 그리고 한강 물 밑에 있는 또다른 공간까지도 생각하게 된다고 한다.

우리가 무심코 지나쳤던 한강의 숨은 공간들은 괴물의 탄생과 성장을 상상하게 한다.

봉 감독과 스태프들은 시시각각 변하는 한강과 구조물의 느낌을 포착하려고 열심이었다.

날씨에 따라 표정을 바꾸는 한강. 한강은 맑은 날에 눈부시게 빛나는 강이었다가, 밤이면 도시의 불빛들을 머금은 로맨틱한 강이 된다. 그리고 날씨에 따라 당장 무엇이라도 뛰쳐나올 듯한 공포스러운 강이 되기도 한다.

THE HOST

저 물 속에 살고 있는 그 무엇. 한강에서 괴물이 나타난다.

The
Family —
가족

2

Production
촬영

영화 첫 장면에 대하여

첫 장면인 미군 부대 신은 맥팔랜드 사건에서 직접적으로 영감을 얻은 부분이다. 외국인 배우의 캐스팅이 늦어져서 예정보다 촬영이 지연된 이 장면은, 양수리 세트장에서 찍었다. 괴물의 탄생과 직접적인 연관이 있는 이 신을 놓고 '반미적'이라고 평가할 관객들도 있을 것이다. 하지만 감독이 정말 반미적인 입장을 영화의 주된 콘셉트로 유지하고 싶었다면 이렇게 친절하고 직접적인 언급으로 영화를 시작하지는 않았을 것이다. 오히려 암시적이고 상징적인 방법을 써서 하고 싶은 말을 하는 편을 택했을 테니까.

이 장면에서 생각한 것은 오히려 스탠리 큐브릭 감독의 영화들이다. 직접적으로 정치적인 언급을 하고 있는 큐브릭의 영화 장면들은 그것이 너무 직접적이어서 코믹하고 비현실적으로 느껴진다. 또한 공포영화나 SF영화들이 보여주는 조금은 당연한 정치적인 함의와 암시들을 의식하기도 했다. 공포영화 또는 SF영화 같은 판타지 장르의 영화들은 정치적인 맥락에서 읽힐 때 더욱 재미있게 볼 수 있고, 그런 해석들은 영화에 조금이라도 관심 있는 이들에겐 이미 익숙해진 것들이다. 의도적으로

첫 촬영 때 모습.

"뭐야 이게?" "상당히 찝찝하게 생겼네…."
"그야말루 돌연변이다. 돌연변이."
어떤 생물체인지 보여주지는 않지만 괴물이
생겨났음을 알려준다.

그런 해석들을 의식하고 스탠리 큐브릭을 생각하면서 〈괴물〉의 정치적인 언급 장면을 만들었다. 미군 부대 장면이 나온다고 해서 미국을 대놓고 비판한다거나 미군이 한국에 미친 해악을 지적하고자 하는 것이 아니다. 만약 그렇게 해석한다면 이 영화를 너무 단선적으로 파악하는 것이 된다. 비단 이 프롤로그 장면뿐이 아니고 영화 전반에 걸쳐 등장하는 정치적인 장면들은 거의 모두 직접적이고 친절하다. 그런 언급들을 어떻게 해석할 것인가는 물론 궁극적으로는 관객의 몫이겠지만, 너무 뻔한 것을 그 뻔한 맥락으로 읽지는 말아주었으면 하는 것이 봉 감독의 바람이다.

괴물 탄생의 원인이 되는 장면. 맥팔랜드 사건을 참고로 했다.

Cinema
note

괴물의 의미 – '숙주' 가 뜻하는 것은?

영화의 영어 제목은 더 호스트(The Host). 숙주라는 뜻이다. 그렇다면 영화 속에 등장하는 괴물은 숙주인가. 아니면 납치해간 사람을 숙주로 삼아 번식을 꾀하는 생명체인가. 영화를 본 사람들에게 이런 의문은 자연스럽다. 왜 숙주인가.

일단 괴물이 숙주일 것이라고 생각하고 영화를 본 관객들은, 바이러스가 존재하지 않았다는 사실을 알고 나서 자신의 애초 예측이 틀렸음을 알게 된다. 괴물은 영화 〈에일리언〉의 퀸 에일리언처럼 사람들을 번식의 매개로 삼지도 않는다. 자연스럽게 〈괴물〉의 '괴물' 은 숙주라는 혐의를 벗어난다. 봉준호 감독의 고백에 따르자면 '숙주' 는 영화 속의 강두 가족을 괴롭히는 모든 대상을 가리킨다고 한다. 군이 말하자면 시스템 자체가 호스트라는 것이다. 영화가 개봉된 후 숙주가 결국 미국을 겨냥한 제목이 아니냐는 시각이 있음에도 불구하고 그는 정답은 미국이 아니라고 말한다. 강두의 가족은 결국 아무에게도 도움을 받지 못한다. 이 가족을 도운 유일한 인물은 남일에게 화염병을 제공한 노숙자뿐이다. 사회와 정부, 모두가 강두의 가족을 외면하고 이들이 외롭고 힘든 싸움을 벌이도록 내버려둔다. 그리고 미국이라는 나라가 등장한다. 미국이 워낙 우리 사회의 구석구석에 힘과 영향을 행사하고 있는 탓에 강두 가족을 괴롭히는 '힘' 들을 탐구하다 보니 자연스럽게 미국이 등장한 것이지, 의도적으로 미국이 이 가족을 괴롭히는 원흉이라고 지적한 것은 아니었다고 한다. 미군 기지를 상징하는 '용산' 이 가까운 원효대교 북단이 괴물의 은신처가 된 것도 사실은 그곳에 굉장히 큰 하수구가 있어서 물리적으로 괴물의 은신처가 되기 적당했기 때문이다.

어쩌면 호스트라는 것 자체가 거짓인지도 모른다. 존재하지 않는 바이러스를 유포했다는 혐의를 받는 괴물이 호스트일까. 아니면 괴물을 호스트라고 낙인찍고 가족들을 격리하고 나아가 이 사회에서 유리된 존재로 만들어버리는 시스템이 호스트인가.

이 지점에서 감독은 관객에게 질문한다. 이 가족을 돕지 않은 정부나 사회, 이 가족을 괴롭힌 각종 외부 세력들을 비난하는 것은 쉬운 일이다. 그렇다면 과연 우리는 이들을 도왔는가? 힘 없고 가난하고 배운 것도 없는 이런 가족들, 즉 우리의 이웃이며 우리 자신의 모습에게 우리는 어떻게 대했던가?

그 질문은 '호스트–숙주' 의 성체가 혹시 우리 스스로는 아닌지 의심하게 만든다.

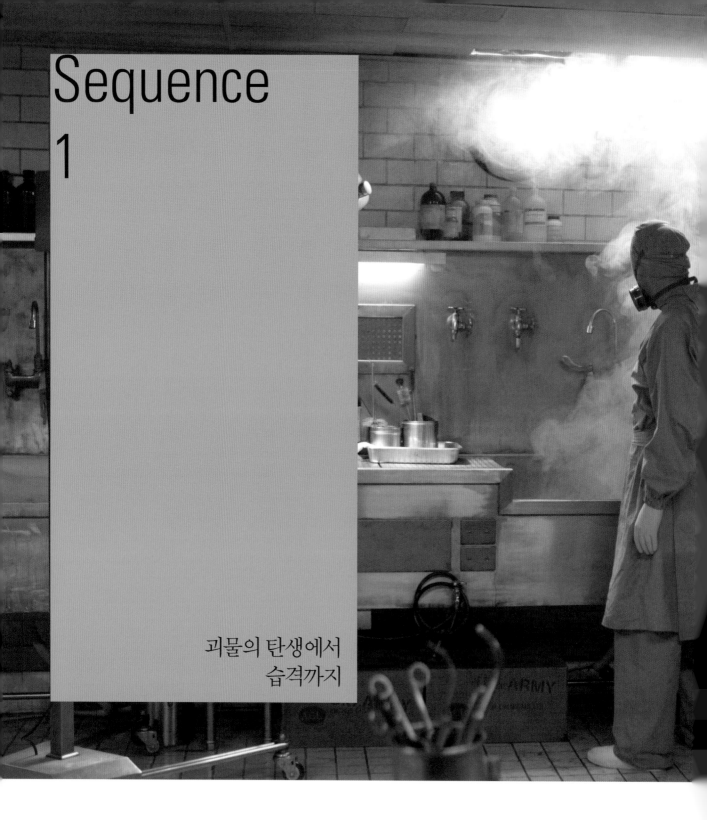

Sequence 1

괴물의 탄생에서
습격까지

한강 둔치 매점. 평화로운 그 곳에 정체를 알 수 없는 괴물이 나타난다.
순식간에 아수라장으로 돌변한 한강변. 강두도 뒤늦게 딸 현서를 데리고 도망가지만,
그만 현서의 손을 놓치고 만다. 괴물은 기다렸다는 듯이 현서를 낚아채 한강으로 사라진다.

봉준호 감독은 이 장면을 찍을 때가 가장 좋았다고 말한다. 2005년 9월 말쯤 촬영했는데 날씨도 좋았고 숏들에 대한 자신감도 있었다. 무더운 여름날 합동분향소를 찍느라 고생을 한 이후에 맞은 쾌적한 날씨였다. 공원에 소풍가는 것처럼 좋은 기분으로 역동적이고 활기차게 찍을 수 있었다. 물론 스태프들은 한강 둔치에서 대규모 장면을 찍어야 하니 준비할 것도 통제할 것도 많았지만, 감독의 입장에서는 가장 더운 계절에 어려운 장면(합동분향소 신)을 찍고 난 이후 맞는 계절이고 촬영의 리듬도 회복한 터라 자신감이 넘칠 수밖에 없었다.

봉 감독은 "짧은 시간 동안 이들 부녀가 오랫동안 이런 시간을 가져왔다는 것을 보여주어야 했다. 중요한 장면이었기 때문에 감독으로서 포기할 수 없었다."고 말했다.

매점 내부 장면, 특히 현서와 강두가 텔레비전으로 남주의 양궁시합을 지켜보는 장면의 롱테이크(아버지 희봉이 자신은 가슴이 떨려서 못 보겠다고 말하고 강두와 현서는 텔레비전을 본다. "금메달이다!"라고 강두가 환호한다)는 이 영화에서 유일하게 재촬영을 한 숏이다. 첫 촬영에서 14테이크를 촬영하고 재촬영에서 17테이크를 더 찍었다. 괴물의 습격이라는 부분에서 관객들이 보기에는 괴물이 등장하는 비주얼 부분의 인상이 더 강할 터이지만 드라마상으로는 이 매점 장면이 영화 전체에서 차지하는 의미가 더 크다고 판단했기 때문이다.
매점 장면은 강두와 현서가 함께 등장하는 첫 번째 장면이면서 유일한 장면(현서와

영화에서는 맥주를 먹는 것으로 나오지만
처음에는 현서가 황도 국물을 먹는 것으로 설정되어
있었다. 이 때문에 고아성은 황도 국물만 10캔을
마셔야 했다.

강두가 다시 만나는 때는 괴물의 입에서 강두가 현서를 꺼내는 순간이다)이기도 하
다. 그러니만큼 이 장면에서 이 부녀의 남다른 유대관계가 충분히 설득력 있게 제시
되지 않는다면 이후 영화의 드라마 전개는 매끄럽지 않게 된다. 철이 없는 강두지만
딸 현서에 대한 사랑만큼은 맹목적이며, 딸은 아버지에게 있어 살아가는 의미이다.
딸 역시 아버지를 사랑한다. 말로 표현하는 성격도 아니고 살가운 성격도 아니지만,
아버지와 가족들에게 깊은 애정과 믿음을 가지고 있다. 이런 감정들이 드러나야 하
는 숏이기 때문에 감독으로선 이 장면의 구현을 위해 집중할 수밖에 없었다.

원래 이 장면은 시나리오에서도 그렇고 현장에서도 '황도 통조림'으로 일관되었던
신이다. 현서가 좋아하는 황도 통조림을 강두가 먹여주는 장면이었고, 시나리오상
의 엔딩도 처음에는 텅 빈 한강 둔치에 올려놓은 황도 통조림이었다. 그러다 아빠가
먹던 '캔 맥주'를 딸에게 권하는 것으로 바뀌었고 결과는 황도보다 성공적이었다.
황도 통조림 국물만 서른 번을 먹었던 현서, 고아성 양은 황도 장면에 대해 이렇게
말한다.

"현서가 황도를 되게 좋아하잖아요, 저도 황도를 되게 좋아했거든요. 그전까지는
… 지금은 안 먹지만. 처음에 15테이크, 재촬영을 15테이크. 전체 30번을 먹었는데.
국물만 먹었어요. 국물이 되게 달달하고 그래서 코 막고 마셨는데 너무 식용유 같은

괴물에게 먹히는 뚱뚱남 장면은 실사와
컴퓨터그래픽이 합쳐진 것이다. 연기자를
와이어에 매달아 괴물 입에 들어가고 있는
장면을 만들어냈다.

느낌이 나는 거예요. 몇 테이크 가다가 감독님이 진짜 먹었냐고 물어보는 거예요. 진짜 먹었는데… 막 벌컥대며 마셨거든요. 나중에 촬영 끝나고 나서 스태프들한테 황도를 나눠주는데, 국물이 없어요. 제가 다 마신 거예요. 그때 이후로 덕분에 황도를 안 먹어요."

괴물이 등장해서 한강 둔치를 한바탕 휩쓸고 나서 현서를 납치하고 사라지는 신은 대규모의 군중 신이라서 스태프들은 고생이 많았고 준비할 것도 많았다. 한강 둔치는 평일이라도 언제나 사람들이 많기 때문에 인원을 통제하고 주차장을 감독이 원하는 상태로 만들어놓는 것이 어려웠다. 특히 영화에 나오는 주차장은 여의도에 있는 한 교회에서 이미 요금을 지불하고 사용하고 있는 구역이어서 확보 비용도 결코 만만치 않게 들었다. 그렇게 주차장을 비우고 보니 '시민들이 한가롭게 놀고 있는 한강 둔치' 의 분위기가 나지 않아서 이번에는 차를 빌려와서 다시 주차장을 적당하게 채워야 했다. 한강에 일정한 간격으로 설치된 매점 역시 영화 촬영 기간 동안 장사를 못 하게 되므로, 일일이 적정한 보상을 해줘야 했다.

괴물이 등장해서 달려가는 장면에서 중요한 것은 300여 명의 단역을 포함한 배우들의 시선 처리였다. 실사 장면 촬영에서는 괴물이 존재하지 않았기 때문에, 괴물을 바라보는 배우들의 시선을 일정하게 맞추기 위해 현장에서는 검은 타이즈를 입은 스태프가 막대기를 들고 뛰어야 했다. 막대기 부분이 괴물의 눈이라고 가정한 채로. 괴물이 달려가고 난동을 부리는 장면은 스테디캠으로 촬영했다.

괴물이 달려가는 속도를 맞추기 위해서 리허설은 오토바이를 이용했다. 리허설에서는 오토바이가 등장했지만 괴물이 처음 등장해서 둔치로 올라와 난동을 부리는 장면은 스턴트맨이 참여했다. 복잡한 액션이 들어가고 '원테이크' 로 갈 작정이었기 때문에 무술감독이 장면을 총괄해서 액션을 맞춰야 했다. 백주 대낮에 괴물이 한강 둔치로 올라와 사람들을 쫓아다니고, 사람들은 우르르 몰려다니며 뿔뿔이 흩어지는

이미지는 감독이 시나리오가 완성되기 이전 단계부터 머릿속에 가지고 있던 것이었다. 스페인 산 페르민 축제에서 황소가 달려가고 마을 청년들이 달아나는 장면을 높은 건물에서 찍었던 다큐멘터리를 본 이후, 그 이미지가 항상 감독에게 잔상을 남겼다고 한다. 다리 위의 버스에서 할머니의 시선으로 괴물의 난동을 지켜보는 숏이 바로 그 이미지의 구현이다.

버스 타고 가는 할머니의 시선으로 백주 대낮에 벌판을 뛰어다니는 괴물의 전체 모습을 잡은 장면은 괴물 장르에서 파격적인 신이다.

괴물이 등장해서 난동을 부리는 장면은 동영상 콘티(애니메틱스)도 가장 처음 만들었던 숏이다. 음악을 듣다가 괴물에게 끌려가는 여자 장면은, 현장에서는 배우에게 와이어를 묶은 후 연출부가 잡아당기는 식으로 촬영했다. 괴물이 사람을 치고 사람이 튕겨 날아가는 장면은 현장에서는 유압 실린더를 이용해서 사람을 튕기는 방식으로 만들어냈다.

시민들이 쉽게 이용하고 가벼운 마음으로 여가를 보내는 한낮의 한강 둔치. 그곳에 괴물이 나타난다는 설정은 사실상 영화적으로는 상당히 무모하고 대담한 것이다. 괴수영화라는 장르의 규칙으로 봐서도 이 설정은 무모하다. 괴수가 등장하는 영화에서 대부분, 괴물은 처음부터 모습을 드러내는 경우가 없다. 몸의 일부분을 슬쩍 보여주거나 끔찍한 음향효과 등을 통해 관객의 호기심과 공포심을 유발해놓고, 조금씩 그런 감정들을 증폭시키다 관객의 호기심이 최고조에 달했을 때 괴물(또는 괴수)이 등장하는 것이 장르의 법칙이다. 그러자면 괴물은 한낮에 등장하지 않는다. 어두운 밤이나 비 내리는 또는 안개 자욱한 곳에서 어렴풋하게 실루엣으로 등장하거나 몸의 일부분(꼬리나 눈 같은)만을 인색하게 보여준다.

괴물이 손톱녀를 끌고 가는 장면 촬영 모습. 와이어로 실사 장면 촬영 후반작업을 통해 장면을 완성시켰다.

그런데 봉준호 감독의 〈괴물〉에서 괴물은 너무나 터무니없을 만큼 정직하고 솔직하게 등장한다. 한낮, 한강 둔치라는 열린 공간을 쿵쿵거리면서 뛰어다니며 온몸을 적나라하게 드러낸다. 괴물영화라는 장르에 정면으로 도전하면서 그 규칙을 여지없이 깨뜨려버린 이 시도가 이미 장르의 규칙에 익숙해진 관객들에게 과연 어떻게 받아들여질지를 개봉 이전 모든 관계자들이 걱정했다고 한다.

이렇게 장르의 규칙을 '확' 깨버리는 것은 봉준호 감독의 개성이고 특기다. 〈살인의 추억〉 역시 범죄영화나 스릴러영화를 표방하고 있지만 영화가 진행되면 될수록 장르의 규칙은 사라지고 서로 다른 장르들이 마구 섞인다. 그리고 결정적으로 '범인'이 등장하지 않고서 영화는 끝나버린다. 〈살인의 추억〉에 비해 더욱 명백하게 '장르적'인 영화 〈괴물〉에서도 봉준호 감독은 장르의 규칙에 얽매이고 싶지 않았다. 군이 장르를 파괴하는 것이 목표는 아니었지만, '하고 싶은 것을 하다 보면' 그렇게 된다는 것이다. 〈괴물〉의 특징인 공포와 코미디, 비극과 희극의 혼합은 장르를 의식하고 의도적으로 설정한 것이 아니라 '캐릭터와 시추에이션에 집중'하다가 결과적으로 도출된 특징이었다.

현서가 괴물에게 끌려가는 장면은 바지선에 크레인을 올리고 거기서 와이어로 현서를 연결하여 강에 빠뜨린 후 물살을 일으키면서 끌고 가는 식으로 촬영이 진행되었다. 고아성 양은 어린이 드라마 〈울라불라〉에서 와이어 연기를 해본 경험이 있어서 와이어 연기가 생소하지는 않았지만 문제는 '한강'이었다. 멀찌감치서 바라보는 한강은 평화스럽고 잔잔하지만 직접 그 물 속에 빠져서 (그것도 와이어에 매달려서) 끌려가기에 거칠고 험하며 '검은 물살'이 흐르는 큰 강이다. 적절한 화면을 얻기 위해 테이크가 거듭 되고 고아성 양은 계속 와이어에 매달려 한강에 들어갔다 나왔다를 반복해야 했는데, 아역배우의 '잔인한' 고생을 더 이상 견딜 수 없었던 감독이 결국 컷을 부르고 말았다는 후일담이 있다. 봉준호 감독은 이 장면을 촬영하면서 "나는 죽으면 지옥 갈 거야."라고 수없이 중얼거렸다. 어린 여중생이 크레인에 달려 오르내리면서 거칠고 험한 한강에 들어갔다 나왔다를 반복하는 모습을 아무 감정 없이 지켜볼 만한 강심장의 소유자는 최소한 〈괴물〉의 스태프 중에는 없었다.

고아성 양 역시 그날의 고생으로 몸살이 단단히 걸려 촬영도 학교도 가지 못하고 하

실제로 보이지 않는 괴물을 추측하기 위해 검은 타이즈를 입은 사람이 기준봉을 들고 촬영을 도왔다.

괴물이 등장해서 모든 것을 쑥대밭으로 만드는 상황을 연출하기 위해 프리프로덕션 단계 때부터 많은 조사와 연구를 했다. 맨 앞 사진은 괴물 촬영 당시 만든 핏자국, 뒤 사진들은 연출을 위해 조사한 이미지 자료들이다.

루 이상을 앓아누웠다. 고아성 양의 '폭로'에 따르면 본인이 제일 힘들었던 한강에 빠지는 신은 원래 영화를 하기 전에는 감독이 "한강에 정말로 빠지는 것은 절대 아니다, 컴퓨터 그래픽으로 한다."라고 말했다고 한다. 그런데 촬영에 앞서 나온 콘티북을 보니까 자신이 한강에 빠지는 장면이 CG로 처리하기에는 사이즈가 너무 커서 컴퓨터 그래픽으로 하면 티가 날 것 같다는 생각이 들었다는 것이다. 결국에는 봉준호 감독도 살짝, 진짜 한강에서 촬영을 해야 할 것 같다는 말을 꺼냈고 고아성 양은 '순진무구하게도' '네!'라고 대답했다.

현서가 물에 빠지는 장면은 10월에 촬영했는데, 그 계절이면 한강은 사람이 들어가기에는 수온이 너무 떨어지는 시기다. "발 밑에는 물고기가 막 지나가는 거 같고, 추운 날에 너무 힘들었어요. 그 순간의 기억은 잘 나지 않지만 되게 힘들었다는 기억만 나요. 감독님이 미웠어요." 촬영 당시 현서와 같은 나이인 실제 중학교 1학년이던 고아성 양의 회고.

한편 이 장면에서 텔레비전 화면으로 등장하는 배두나 씨가 영화의 양궁선수 역을 위해 실제로 양궁을 배웠다는 것은 이제 유명한 이야기다. 배두나 씨는 조춘봉 씨에게서 양궁을 배웠고, 영화 속의 경기장 역시 실제 양궁 경기장이다. 상대 선수로 출연한 이도 실제 양궁선수다. 양궁장 장면은 베타캠으로 촬영했다.

C i n e m a
n o t e

영화 속에서는 괴물이 현서를 납치해가는 장면을 강두의 시선으로 바라보는 것으로 되어 있지만 원래 이 장면은 괴물이 현서를 잡아서 꿀꺽 삼키는 것으로 설정되어 있었다. 서강대교 남단의 여의도에서 한강 둔치 난동 장면을 찍고 밤섬에서 괴물이 현서를 삼키는 것으로 하려 했으나, 철새 보호구역인 밤섬은 일반인 출입금지 지역이었다. 결국 현장에서 콘티를 바꿔서 지금처럼 강두의 시선으로 바라보는 설정으로 바뀌었다.

괴물이 꼬리로 현서를 납치하는 장면. 고아성은 예전부터 와이어 연기를 여러 번 해보았기 때문에 와이어에 매달리는 것을 그다지 겁내지 않았다고.

봉준호 감독이 "영화가 싫어질 정도로 가장 마음 아팠던 때"라고 고백한 장면이다. 여중생을 와이어에 매달아서 한강물에 담궜다 꺼냈다 하는 장면이 보기 힘들어서 결국 7, 8테이크만에 오케이를 해야 했다.

남주가 양궁선수로 설정된 것은 다른 인물 설정보다 먼저 설정된 부분이었다. 〈살인의 추억〉 당시 봉준호 감독이 시나리오 작가에게 부탁했던 〈괴물〉의 시나리오에는 (결국 쓰지 않게 되었지만) 집단적인 인물군이 등장하는데 그 설정에 양궁선수들이 나왔다고 한다. 그 시나리오에서는 태릉선수촌에서 훈련을 받다가 집단으로 '땡땡이'를 치고 한강으로 나와서 놀고 있던 양궁선수들이 괴물을 만나게 되는 스토리였다. 양궁선수라는 설정에 애착을 가지고 있던 봉준호 감독은 영화의 기획 단계에서 배두나 씨에게 '양궁선수를 맡아달라.'고 요청했고, 배두나 씨가 이를 수락했다.

배두나는 양궁선수 연기를 위해 실제로 양궁을 연습했다. 배두나가 촬영에 쓴 활은 특수제작된 것이다.

처음에 감독이 배두나 씨에게 요구한 것은 '숱이 많은 긴 머리카락, 통통하게 살이 찐 몸'이었다. 그리고 또 한 가지는 양궁을 진짜 양궁선수처럼 해야 한다는 것. 이런 주문은 봉준호 감독의 개성이기도 한데, 영화가 개봉되어서 전문 직업인들이 영화 속의 캐릭터를 보더라도 우스워하거나 비판하지 않도록 디테일 면에서 정확성을 기해야 한다는 것이 연출 원칙의 하나이다. 그래서 독일어 대사가 나오면 원어민 수준의 독일어를 말하도록 신경 쓰고, 의학 설비가 나오면 의사들이 봐도 설득력 있도록 구현하는 데에 신경을 쓴다고 한다. 마찬가지로 남주 역시 진짜 양궁선수처럼 보여야 한다는 주문이 있었고 배두나 씨는 촬영 2, 3개월 전부터 양궁을 연습해야 했다. 사실 양궁 활은 무척 무거워서 어지간한 남자들도 들기 어려운 정도. 마음 속으로 '나는 정말 양궁선수가 될 거야.'라고 생각하며 연습에 들어간 배두나 씨는 얼마 지나지 않아 정말로 양궁 활을 들고 쏠 수 있게 되었고, 연습을 거듭하면서 감독이 주문한 것처럼 살도 적당히 오르고 어깨도 벌어진 운동선수 체형으로 변해갔다. 촬영 당시에 쓰인 활은 배두나 씨에 맞춰 무게를 조절해서 조금 가볍게 만든 것이었지만, 배두나 씨가 보여준 연기는 실제 양궁선수의 시합 모습이라 해도 손색이 없었다. 한국영화에 등장한 유일한 양궁선수 캐릭터, 영화 내내 '추리닝' 한 벌로 버티는 '세상에서 가장 느린 양궁선수' 박남주는 이렇게 만들어졌다.

Sequence
2

합동분향소에서
병원 탈출까지

합동분향소에서 현서를 제외한 강두의 일가족이 한자리에 모인다. 돌연 노란색 방역복을 입은 요원(?)들이 출동해서 괴물과 접촉한 사람들을 격리시킨다. 병원에서 다시 만난 가족들. 격리는 해놓고 후속조치는 없다. 한밤중, 현서의 전화가 걸려오고 가족들은 이제 현서를 구하기 위해 병원을 탈출한다.

2005년 8월 6일에서 9일 사이, 건국대 서울 캠퍼스 체육관이 합동분향소로 바뀌었다. 합동분향소는 영화 〈괴물〉이 한국 현대 사회라는 맥락에 놓일 때 제 의미를 충분히 드러낸다는 사실을 보여주는 신이다.

한국의 합동분향소는 그야말로 전형적으로 '한국적'인 풍경이다. 삼풍백화점 붕괴, 성수대교 붕괴, 대구 지하철 참사 등의 대형 사건 사고로 인한 갑작스럽고 집단적인 죽음의 기억이 유난히 많은 한국. 합동분향소는 한국인에게 그리 낯설지 않다. 슬프고 경건해야 할 분향소는 왠지 모를 집단적인 열기와 모순이 증폭되는 공간이다. '희생자'에 대한 애도와 유족들의 오열이 있는가 하면, 보상의 책임과 범위를 놓고 벌어지는 정치적·사회적인 협상이 있다.

강렬하고 복합적인 감정, 폭발할 것 같은 에너지, 집단성의 전시는 복잡한 근대를 살아온 현대의 한국인이 보여줄 수 있는 '한국적인' 것이며, 그런 만큼 이런 풍경은 외국의 괴물영화에서는 나올 수 없는 장면이기도 하다. 9·11 이후 현장을 떠올려 보라. 살아남은 사람들이 찾아와 꽃 한 송이, 메시지 하나를 남기던 그 현장과 한국의 합동분향소는 감정의 수위와 종류가 확연하게 다르다. 통곡하고 비명을 지르다 혼절하는 유족들, 영정 사진 위로 메달을 걸어주고 담뱃불을 붙여놓는 클리셰적이고 관습적인 행위들이 일어나는 곳. 사람들이 집단으로 모여 있고, '초상집'이다 보니 술이 빠질 수 없고, 그리다 보니 평소 쌓였던 갈등이 당연한 수순으로 터져나온다. 더구나 (보상 문제 등의) 돈이나 인간관계와 연관되어, 갈등을 위한 외부적 계기

합동분향소 장면은 한국적인 것을 보여주는 절정의 신이다. 성수대교 붕괴, 삼풍백화점 붕괴 등 여러 대형 사고를 많이 겪었던 우리에게 실내 체육관에 차려진 합동분향소 풍경은 결코 낯설지 않다.

희봉은 남매들을 끌어안고 현서 사진을 향해 "니 덕에 우리가 이렇게 다 모였다."며
울부짖는다. 희봉의 대사대로 배우들이 처음 한자리에 모이는 신이라서 묘한 기싸움
이 있었던 장면이다.

이 장면을 찍다가 박해일 씨는 무릎을 다쳤다. 다행히 부상을 당하며 찍은 컷에서 오케이
가 났다.

까지 제공되는 터다.

원래 합동분향소는 서울교대 체육관을 섭외했었다. 그곳은 삼풍백화점 참사 당시
실제 합동분향소로 쓰였던 곳이다. 여건상 건국대로 옮겼으나, 만약 서울교대에서
예정대로 촬영이 이뤄졌었다면, 상당히 의미심장한 일이 되었을 것이다.

영화 〈괴물〉의 합동분향소는 게다가 네 명의 주연배우들이 처음으로 한자리에 모
이는 장면이다 보니 배우들의 눈에 보이지 않는 기싸움이 용광로처럼 뜨거웠다. 저
마다 연기력에서는 독특하고 강한 자기 세계를 가지고 있는 배우들은 상대 배우의
연기를 보면서 '이 상황에서 내가 어떻게 살아남을 것인가' 라는 고민을 하지 않을
수 없었을 것이다. 상대와 조화를 이루면서도 내가 이 영화에서 차지하는 위치를 보
여주는 것. 배우들이 이 장면에서 느꼈을 부담감과 긴장은 충분히 상상할 수 있다.
이런 묘한 경쟁심과 기싸움의 시너지 효과인지 촬영장의 열기는 스크린으로 고스
란히 전달된다. 스태프들이 "합동분향소 장면 메이킹 필름만으로도 어지간한 단편
영화는 나올 것 같다."라고 말했을 정도라고 한다.

박해일 씨는 송강호 씨를 향해 발차기를 날리다 바닥에 떨어져 무릎을 다쳤다. 그나
마 쉽게 오케이가 나서 여러 번 반복하지 않아도 되었다는 사실이 불행 중 다행이었

을까. 박해일 씨는 고등학교 때 무릎을 다쳐서 깁스를 한 채 대학 입시를 병원에 입원해서 치른 불우한(?) 과거가 있었다고 한다. '병원에서 입시를 치르는 수험생 박해일 군'이라는 기사가 당시 신문에 실린 적도 있었다. 그 결과로 무릎에 철심이 박힌 채로 지내왔는데, 이번 부상으로 공교롭게도 그 무릎을 다시 다쳐서 촬영 내내 몸 고생이 심했다고 한다. 후반부에서 남일은 뛰어내리고 달려가는 장면이 많았는데 그때마다 무릎 때문에 연기가 쉽지 않았다. 봉준호 감독은 후반작업을 하면서도 박해일 씨가 발차기를 하고 떨어지는 장면이면 자신도 모르게 가슴이 섬뜩해서 눈을 감아버리곤 했다.

합동분향소라는 장소에 어울리지 않는 노란색 방역복. 거기다 넘어지고 말을 더듬는 등 슬랩스틱 코미디를 보여준다. 노랑이 역할을 맡은 김뢰하 씨는 더운 여름에 바람 한 점 통하지 않는 방역복을 입고 엄청난 땀을 흘려야 했다.

합동분향소 촬영 당시는 유난히 더운 날씨였다. 처음에는 체육관 촬영이라고 하니, 배우와 스태프들 모두 '땡볕을 피해 시원한 실내체육관에서 촬영하겠구나!'라며 반기는 분위기였다. 정작 도착해 본 체육관은 냉방시설이 고장 나 있었고, 마련해 간 냉풍기도 상황상 제대로 사용할 수 없어서 모든 배우와 스태프들이 더위 때문에 심한 고생을 했다. 더위에 유난히 약한 봉준호 감독은 나중에는 '정신이 혼미해져서' 얼른 이 장면이 끝나기만을 기다렸을 정도였다.

하지만 누구보다도 고생한 사람은 역시 '노랑이' 역할을 맡은 김뢰하 씨. 바람 한 점 통하지 않는 노란색 두터운 방역복에 안전유리까지 붙인 헬멧을 내내 쓰고 있어야 했다. 더위가 심해서 안전유리에 계속 김이 서렸다. 장면이 끝나자마자 곧바로 헬멧을 벗고 부채질을 하다가 시작하면 다시 쓰기를 반복했지만, 김뢰하 씨의 고백에 따르면 헬멧만 쓰면 그 안에 산소가 희박해져서 '대사고 뭐고 아무 생각도 안 날' 정도로 체감 더위가 끔찍한 수준이었다고 한다.

한국영화에서 굵직하고 비중 있는 조연을 도맡아 하고 있는 김뢰하 씨가 단 한 신 등장하고 끝나는데 그나마 이런 역할이라서, 감독은 김뢰하 씨에게 미안하다는 고백을 덧붙였다. 하지만 다른 영화에서 영화를 이끌어가는 비중 있는 역할을 하던 배우들이 이 영화에 와서는 한 장면만 출연하고 사라지는 것이 영화 〈괴물〉의 특징이기도 하다. 그만큼 영화의 플롯이 강두 일가족에게 '강력하게' 집중되어 있음을 보여주는 방증이라고 볼 수 있다.

합동분향소라는 장면은 여러 겹의 현실과 감정들이 중첩되는 강렬한 신이다. 눈물과 통곡, 발버둥치는 괴로움이 있는가 하면 황당한 웃음이 있다. "아반떼 차 빼세요!"라는 장면은 두고두고 웃음을 자아내는 포인트(칸느에서도 이 장면은 사람들의 웃음을 유발했다고 하는데, 그들은 아마 한국인만큼 이 포인트를 잘 이해하지는 못하고 웃었을 것이다). 아버지 희봉이 손녀의 영정 사진을 향해 흐느끼면서 "니 덕분에 우리 가족이 다 모였다."라고 말하는 대사는 과거 모 승합차 광고에서 황정순 여사가 "○○ 덕분에 다 모였구나."라고 말하는 대사의 패러디여서 역시 관객들의 웃음을 유발했다.

장르와 감정을 뒤섞어서 규칙을 해체하고 넘어가는 봉준호 감독의 개성이 집약적으로 나타난 것이 바로 이 합동분향소 장면이다. 사실 현실은 단순한 감정, 단순한 상황으로 제시되는 것이 아니라 여러 가지 감정이 뒤섞여서 나타난다. 엄숙한 애도와 슬픔만 있을 것 같은 상갓집에 가서도 상주와 절을 하다 미끄러진다든가 가발이 벗겨진다든가 하는 식의 슬랩스틱 코미디 같은 상황이 얼마든지 벌어지는 것이 '현실'이다. 유교적인 권위가 묵직하게 드리워진 행사인 제사를 지내면서 평소 언제나 무섭고 근엄하던 가장이 절을 하다 방귀를 뀌는 일도 일어난다. 의도적이지 않은 상황들이 의도적이고 당연해야 할 상황과 겹치면서 현실에서는 자연스럽게 코미디와 비극이 혼재한다. 조금 전 오열하다 혼절했던 상주들이 잠시 후엔 말쑥한 얼굴로

Cinema
note

방역기의 가스는 기름을 태워 만들었다. 감독은 영화에 등장하는 연기들이 노란색이어야 한다는 콘셉트를 가지고 있었다. 베트남 전 당시의 고엽제인 에이전트 오렌지를 의식한 선택이기도 했는데, 그 결과 방역기의 가스와 에이전트 옐로의 색깔은 노란색으로 확정되었고 변동이 있을 수는 없었다. 효과를 내기 위해 이 장면에서는 기름을 태워서 만든 노란 연기를 사용했는데 그러다 보니 바닥은 기름 때문에 미끄럽기 그지없었다. 영화에도 미끄러지는 장면이 나오지만 방역복과 함께 신은 장화가 미끄러져서 노랑이 역을 맡은 단역배우와 스태프들은 더위와 미끄러움이라는 이중고를 겪어야 했다.

"당숙, 밥 좀 더 드세요. 국이 맛있어요."라고 말하는 곳이
상갓집인 것이다.

원래 이 합동분향소 장면은 봉준호 감독이 이 영화의 첫 번
째 촬영(크랭크 인)으로 가고 싶었던 신이기도 하다. 감독의
개성에 따라 첫 촬영을 '몸을 푸는' 의미로 쉬운 것으로 가
느냐 일부러 강렬하고 어려운 것으로 가느냐가 달라질 텐데,
봉준호 감독의 경우는 후자를 선택하는 쪽이라고 한다. 〈살
인의 추억〉 때의 첫 번째 촬영이 송강호 씨가 김상경 씨에게
그 유명한 '드롭킥'을 날리는 신이었을 정도다. 다큐멘터리

딸을 잃은 슬픔에 절규하다가 태연하게 잠들어버린 강두. 이 사람이 괴물과 맞서 싸
울 사람이라고 상상도 하기 어렵다.

적인 감정 연기와 촬영이 필요한, 정말 영화적으로 볼 때는
'무지막지한' 신인데 감독이 군이 첫 번째 촬영으로 가야 한다고 고집했다고 한다.
비주얼 이펙트 때문에 스케줄이 꼬여서 결과적으로 불가능하기는 했지만, 합동분
향소 장면 역시 그런 맥락에서 첫 촬영으로 하고 싶었던 것이다. 일단 공간 자체가
묘하게 사람을 흥분시키는 열기로 가득 차 있고, '변—송—박—배'의 주연배우들
이 처음으로 한자리에 모였다는 것도 의미가 있다. 영화적으로 볼 때, 이 장면 이전
까지 이들이 가족의 '유대'를 보여준 경우가 없었다. 영화가 시작되고 곧장 사건(괴
물의 등장과 현서의 납치)이 일어나버렸기 때문에 감정적으로 가족의 입장에 몰입
할 시간이 없었던 것이다. 합동분향소라는 장면 하나로 그 모든 상황을 '감정적으
로 만회'하고 이들이 영화의 주인공이고 한 가족이며, 현서라는 아이가 이 가족의
구심점이었고, 그 아이를 되찾기 위해서는 어떤 일이라도 할 수 있다는 당위성이 확
보되어야 했다. 배우들 역시 촬영 당시 가장 인상 깊었던 장면으로 합동분향소를 꼽
을 만큼 이 영화에서 큰 중요성을 지니는 신이다.

이렇게 한국 근현대의 '가장 한국적인' 것의 절정을 보여주는 합동분향소에 난데
없이 노란색 방역복을 입은 요원들(감독과 스태프들은 '노랑이'라는 별칭을 쓴다)
이 등장한다. 〈미워도 다시 한 번〉에 할리우드 영화 〈아웃브레이크〉가 뛰어든 격이
다. 어색하면서도 이질적인 이 만남에 관객들은 폭소를 터뜨렸다. 더구나 이 '노랑

이'는 할리우드 영화처럼 멋지고 빈틈없고 체계적인 그런 요원들이 아니다. 왠지 어설프고 서툴면서도 '될 대로 되라'는 식으로 행동하는 느낌이 든다. 근사하게 입장을 하다가 꽈당 넘어지지를 않나, 방역복 안에 들어 있는 근사한 무선 마이크로 능숙하게 안내 멘트를 하는 대신 안전유리 밖으로 생선장수가 쓸 법한 확성기로 서툴게 안내방송을 하지를 않나… 봉준호 감독이 개인적으로 좋아하는 B급 영화의 정서가, 예산상으로는 틀림없이 블록버스터인 영화 〈괴물〉에서도 그대로 유지되고 있음을 확인할 수 있는 부분이다.

소란을 피우며 끌려가는 강두.

감독과 스태프들이 두고두고 아쉬워하는 것 중 하나가, 영화 〈괴물〉을 '순서대로' 찍지 못했다는 사실이다. 오퍼니지와의 계약 문제로 특정한 날짜까지 CG가 들어가야 할 장면(즉 괴물이 등장하는 장면)을 미국으로 보내줘야만 했다. 그리고 그들이 만들어서 보내는 장면들에 대해 개선하거나 바꿔야 할 사항을 지적해서 보내주는 것도 일정한 시간 이내에 해야 했다. 그러다 보니 같은 신에서도 괴물이 등장하는 장면을 먼저 찍어서 미국으로 보내야 하는 상황이 많았다. 원래 같은 신은 연결해서 촬영해야 감정의 연결도 자연스럽고 준비 역시 수월한 것이 상식이다. 그런데 사정상 그런 일정이 불가능해서 한 신을 여러 번으로 나눠 찍어야 했고, 최대한 그런 불리한 상황을 만회하기 위해 촬영과정과 편집과정에서 노력을 하기는 했어도 영화를 만든 사람의 입장에서 보면 부자연스러운 연결이나 불필요한 시행착오들이 눈에 띌 수밖에 없다.

합동분향소 장면 역시 원하는 스케줄대로 촬영할 수 있었다면 제일 먼저 촬영해서 영화의 감정적인 흐름을 다잡고 가고 싶었다는 것이 감독의 의도였으나 뜻대로는 되지 못했다. 그럼에도 불구하고 이 장면은 강렬한 에너지(특히 배우들의 연기는 폭발적인 에너지로 가득하다)로 스크린을 채우면서 관객들에게 강한 인상을 남긴다. 영화의 제목이 〈괴물〉이었지만 괴물은 주인 공이 아니라 영화의 '계기' 였을지도 모른다는 의문을 품게 만들면서 말이다.

합동분향소에서 병원으로 끌려와 격리된 강두 네 일가족. 돌연 현서에게서 한 통의 전화가 걸려온다. 그리고 모든 상황이 달라진다. 누구도 강두 가족의 말을 믿어주지 않고, 결국 가족은 극적으로 병원을 탈출한다.

막상 병원에서는 방치되어 있는 강두 가족 .

합동분향소라는 강렬하고 극적인 장소에 돌연 '노랑이' 들이 들이닥치고 삼엄한 분위기 속에서 강두가 격리되는 앞 장면에 바로 뒤 이은 병원 장면은 허술한 관리체계와 엉성한 사후 수습 분위기로 인해 앞 장면과 대 조를 이룬다. 요란하게 일을 벌였으나 사후 관리에는 누구도 책임지지 않는 이 장면 은, 원래 시나리오에서는 이런 식이 아니었지만 감독이 현장에서 앞 장면과 콘트라 스트를 이루도록 가는 것이 좋다고 판단해서 현재처럼 바뀌었다. '끌고 올 때는 쌩난 리를 치더니…' 라며 투덜거리는 남일의 대사도 현장에서 새롭게 들어간 것이다. '번호표 몇 번에서 몇 번까지 어디로 이동하라' 는 간호사의 지시에 사람들이 술 렁거리면서 짜증스럽게 "에이~~" 라고 하는 반응은 영화 속에서는 사소해 보여도

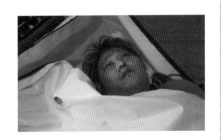

실은 봉준호 감독이 관심을 기울인 부분 중의 하나다. 일명 '집단 짜증'이라고 부르는 이 "에이~~"라는 반응은, 아마도 한국인 특유의 반응일 것 같다는 것이 감독의 생각이었다. 현대 한국인들에게는 누구나 '집단적으로 마구 함부로 다뤄진' 경험이 있다. (감독의 표현을 있는 그대로 살린다면 '떼거지로 막 다뤄진' 경험이라고 할 수 있다.) 학교를 다니면서 "몇 반부터 몇 반까지는 2번 버스로 가!" "빨리빨리 움직여!(이후 이어지는 험한 말들)" "몇 번부터 몇 번까지는 화장실 청소!" 등의 지시를 들으며 개인은 없어지고 단체 속의 익명으로, 즉 머릿수로 취급되던 기억 말이다. 그 불쾌하고 모독적인 기억과 경험들은 학창 시절이 끝난 후 남자들의 경우에는 군대로, 그리고 사회생활을 시작한 이후로는 각종 관공서와 공공 기관 등에서 끊임없이 마주치면서 재생산된다. 그 순간 힘없는 개인은 자신이 대항할 수 없이 커다란 '권력' 앞에서 그저 '에이~~'라는 짜증 섞인 반응 말고는 자신의 기분을 표현할 다른 방법이 없다. 그나마 소리를 낼 수 있는 것도 '내 편'이 좀 많을 때나 가능한 일이고, 대부분의 경우는 소리 없이 마음 속으로 예의 '에이~~'를 중얼거리고 만다.

격리 병원 세트장 디자인

합동분향소에서 이어지는 병실 장면은 세트장 촬영이다. 감독이 원한 것은 40인 정도가 들어갈 수 있는 초대형 입원실. 하지만 그런 규모의 입원실이 있는 병원이 국내에는 없었다. 가장 큰 입원실이 38인실이었는데 그 병원은 영화에서 원하는 분위기가 나지 않았기 때문에 결국 부득이하게 세트장을 지어야 했다. 어수선하고 거대한, '집단적으로 격리되어 있는' 듯한 느낌을 살리기 위해서였다.
보통 이런 세트를 지을 때는 조명을 설치하는 데에 편리하도록 하기 위해 천장을 뚫

괴수영화의 규칙을 상기시키는 장면. 등을 긁으며 골뱅이를 먹으려는 강두의 모습은 관객들의 기대와 긴장감을 잔뜩 고조시킨다.

죽은 줄만 알았던 딸 현서의 전화는 가족을 탈출하게 만들고 괴물과 맞서 싸우게 만든다.

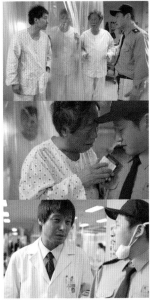
경찰에게 현서가 살아있다고 말해보지만 경찰과 의사에게 무시를 당한다. "강두네 가족은 결국 아무런 도움도 받지 못한다. 그런데 거꾸로 생각해보면 우리가 그런 사람들을 도운 적은 있는가?"

린 형태로 만든다. 그런데 봉준호 감독은 실제 병원처럼 천장이 막힌 형태를 고집했다. 가급적 세트 촬영을 피하고, 세트를 지어도 실제의 건축 구조에 가깝도록 하려는 감독의 고집이 반영된 것이었다. 카메라 앵글상 위가 뚫려 있으면 부자연스럽다는 판단이었기 때문이다. 촬영이 끝난 후 감독은 병원 장면은 "세트라서 집중해서 잘 찍을 수 있었다."고 회고했다.

강두가 가족의 만류에도 불구하고 골뱅이를 먹으려는 장면은 관객들에게 괴수영화 장르의 규칙을 상기시킨다. 즐기는 사람에게는 맛있는 식품이지만 즐기지 않는 사람에게는 괴기스럽게 생긴 동물처럼 보이는 통조림 골뱅이. 특히 외국인 관객의 눈에 이 골뱅이가 어떻게 보일지 상상해보라. 관객들은 골뱅이를 먹은 강두의 몸에 끔찍한 변화(모종의 생물체가 튀어나온다거나 강두의 몸 자체가 괴물로 변하는 등의)가 생길 것이라고 기대한다. 그것이 우리가 그동안 익숙해져 있었던 괴물영화 장르의 규칙이기 때문이다. 하지만 골뱅이로 관객의 긴장과 시선을 잔뜩 끌어놓은 후 강두가 현서의 전화를 받으면서 영화는 급격하게 180도 다른 방향으로 진전된다.
현서의 전화는 가족에게 시나리오 발상의 단계부터 영화를 풀어가는 실마리가 되

원래는 빽빽한 주차장을 원했지만, 차량이 부족했다. 스태프들의 차량까지 모두 동원해 주차 차량을 만들었다.

어준 '미션'을 부여하는 중요한 계기이며, 영화 플롯의 본격적인 시작을 알리는 출발점이다. 현서를 구하기 위한 가족의 이야기가 본격적으로 시작되는 지점이기 때문이다. 현서에게서 전화가 왔다는 이야기를 알리기 위해 가족들이 노력하지만 아무도 그들의 말을 믿어주지 않는다. "지금까지 우리 이야기를 안 믿는다는 거?"라는 남주의 대사(배두나 씨의 평소 말투를 살려서 만들어낸 대사)는 강두의 가족이 봉착한 막막한 상황을 대변해준다. 결국 병원을 탈출하기로 결심한 가족의 선택 앞에서 관객은 한편으로 가족에게 동의하면서도, '저런 방법밖에 없었나?'라는 측은한 마음을 품게 된다. 한편으로 그것은 가진 것 없고 내세울 것 없는 사람들을 사회적으로 무시해왔던 자기 자신에 대한 반성의 마음이기도 하다.

병원을 탈출하는 신에서도 특히 주차장 신은 스태프들의 고생이 막심했던 장면이다. 촬영 당시 주차장에 주차된 차들이 충분치 않아서 스태프들의 차를 30대 정도 가져와서 세워놓아야 했던 것은 어려운 일 축에도 들지 않았다. 카메라 앵글이 바뀔 때마다 이 차들을 다시 이동시켜서 화면을 채우는 것도 어렵지만 할 수 있는 일이었다. 하지만 이 장면에서 가장 힘들었던 것은 바로 '주차장 섭외'였다.

감독이 원한 것은 나선형으로 돌며 올라가는 형태의 주차장이었다. 그러나 국내 병원 중에서 그런 주차장이 있는 곳은 단 하나였다. 〈괴물〉의 촬영 얼마 전 다른 영화에 장소를 제공했던 경험이 있는 해당 병원에서는 〈괴물〉팀의 촬영 협조를 거부했고, 제작팀은 동원할 수 있는 모든 방법을 통해 그 병원의 주차장을 섭외해야 했다. 가장자리로 빙글빙글 차들이 올라가면서 추격전을 벌이는 모습이 보이고 그 사이로 비가 내리는 화면을 잡고 싶었기 때문이다. 정말 몇 컷 안 나오고 사라지는 한 장면을 위해 스태프들이 겪어야 했던 고생은 컸다.

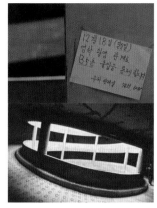

차들이 추격전을 벌이는 나선형 주차장. 스태프들이 어렵게 섭외한 장소다.

Cinema
note

가족들이 몰래 도망치다가 병원 복도에서 간호사에게 걸리는 장면은 관객들로서는 쉽게 알아차리지 못하지만 기술적으로는 상당히 어려운 '테크니컬한' 장면이다. 가족들이 나란히 서 있고 처음에 시점은 강두에게 있다가 차례로 옆 인물에게로 포커스가 하나씩 옮겨간다. 마침내 강두가 화면 맨 끝에 오게 되면 간호사가 '거기, 노랑머리!' 라고 외치는 것이다. 평이하게 찍을 수도 있는 장면이었지만 이렇게 포커스를 이동함으로써 긴장감을 고조시키는 효과가 생겨난다. 사소하고 짧은 숏이지만 이런 디테일들이 모여 전체적으로 영화를 단단한 구조로 만들어내는 것이 봉준호 감독의 연출 비밀 중의 하나다.

Sequence 3

가족의 수색에서
세주 형제 등장까지

병원을 빠져나와 홍신소의 색안경 일당에게서 무기와 차량을 구입한 가족들은 '하수구' 라는 현서의 말을 따라 한강의 하수구들을 수색한다. 격리되고 출입이 차단된 한강의 풍경. 세진과 세주 형제는 매점을 서리하기 위해 한강으로 나왔다가 괴물에게 납치당한다.

폐쇄된 한강에서 괴물이 방역차를 습격하는 부분은 노량대교 부근에서 촬영한 것이다. 괴물이 트럭을 덮치는 효과를 만들기 위해 괴물의 몸통을 대신하는 500킬로그램짜리 드럼통과 꼬리를 대신할 쇠구슬 두 개를 떨어뜨려서 효과를 만들었다. 물론 괴물의 모습이야 CG로 그려낸다 하더라도 그 괴물이 현실에서 유발하는 효과들은 실제로 만들어가면서 촬영해야 했다. 그 부분들이 합성이 되고 다시 여러 단계의 뒷손질을 거쳐야 비로소 우리가 화면에서 보았던 것처럼, 괴물이 트럭을 덮치고 트럭은 부서지는 효과가 현실감 있게 재현될 수 있기 때문이다.

홍신소 직원 중에는 살인의 추억에서 본 낯익은 얼굴이 보인다.

영화상으로는 합동분향소와 가까이 붙은 장면이지만, 합동분향소가 더위와 싸우며 촬영한 장면이었음에 반해 아버지가 홍신소 색안경과 만나는 인천 폐차장에서의 촬영은 심하게 추운 날이었다. 기상대 관측 이래 가장 추운 날이라는 일기예보가 나온 날. 하필 비가 오는 장면이었다. 봉준호 감독이 '이 장면을 보면 스태프들이 다 지긋지긋해서 고개를 돌릴 것' 이라고 할 정도로 끔찍하게 추웠다는 기억만 남는 날이었다.

비는 뿌리면 뿌리는 대로 바닥에서 얼어 '슬러시' 상태가 되었다. 대사를 하는 배우들의 입에서는 계속 입김이 나왔다. 살얼음이 낀 위로 배우들이 걸어가면 발자국이 그대로 남아서 입김과 발자국은 CG를 이용해 지워야 했다. 살수차가 얼지 않도록 각종 조치를 취해야 할 정도였다.

괴물이 트럭을 덮치는 장면은 무거운 추를 떨어뜨려 트럭을 부수고 여기에 CG를 입혀 완성했다. 500킬로그램짜리 드럼통과 100킬로그램짜리 쇠구슬로 몸통과 꼬리로 내리치는 힘을 표현했다. 트럭을 덮치는 장면은 다행히 트럭 3대를 부수고 오케이 사인을 받았다.

이어지는 장면인 차 속에서 아버지를 기다리는 강두 삼남매의 신은 결국 너무 심한 추위 때문에 세트장을 이용해 촬영했다. '죽고 싶을 만큼' 정신없이 추웠던 그 날의 촬영이 끝나고, 다음날부터는 공교롭게도 이상난동이라 불릴 만큼 따뜻한 영상의 날씨가 일주일 간 이어졌다. '날씨는 감독의 인덕' 이라는, 영화계에 떠도는 말을 생각하며 봉준호 감독은 공연히 혼자 가슴이 뜨끔했다고 한다.

폐차장 장면에서 색안경이 아버지의 배를 쿡쿡 찌른 후 지갑을 채가는 긴 꼬챙이는 원래 콘티에는 없던 소품이었는데 감독이 갑자기 주문을 해서 소품팀이 부랴부랴 만든 것이다. 콘티에 없는 것이다 보니 소품팀 역시 주문대로 만들면서도 대체 이것이 '무엇에 쓰는 물건' 인지에 대해 의견이 분분했다는 후문.

아버지와 다시 만난 일가족이 한강으로 가는 장면은 여러 가지 여건상 주행 촬영이 어려워 결국 차를 세워놓고 각종 효과(차의 진동, 가로등의 반복 등)를 내가며 촬영을 했는데 결과적으로는 부드럽게 연결되었다.

이들 가족이 검문을 통과하는 성수대교 육갑문 촬영 역시 스태프들에게는 고생담을 남겨준 촬영이었다. "한강이다!" 라는 대사 때문에 검문을 빠져나오면 곧바로 한

꼬챙이는 원래 시나리오에 없던 것인데 봉 감독이 갑자기 생각나서 촬영 일주일 전에 스태프들에게 주문했던 소품이다. 스태프들은 소품을 만들면서 '과연 어디에 쓰일까' 궁금해했다고 한다.

이 장면을 촬영한 날은 그 해 가장 추운 겨울이었다. 비는 뿌리는 족족 슬러시로 변했다. 영화에서 자세히 보면 바닥에 떨어진 비가 슬러시로 변해 발자국이 생기는 것을 볼 수 있다. 남매가 아버지를 기다리는 장면은 나중에 따로 찍었다.

강이 펼쳐지는 곳을 찾아야 했는데 예의 성수대교 육갑문은 한강과 곧장 이어지기는 하지만 바로 뒤에 주택가가 있어 촬영이 어려웠다. 가족이 탄 차가 지나는 장면은 한강에 보트를 띄우고 촬영하는 등, 어렵게 찍었는데 정작 촬영된 장면이 감독의 마음에 들지 않았던 모양이다. 결국 트럭만 가지고 동호대교 쪽으로 이동했으나 이 지역은 촬영 허가를 받지 않았던 터라 도둑 촬영하듯이 촬영을 감행해야 했다.

가족들이 현서를 찾아 하수구를 뒤지는 장면에서도 방역복은 다시 등장한다. 여름에 합동분향소 장면을 촬영하던 때에는 모두가 기피하던 방역복이었지만, 겨울 야외에서의 촬영이다 보니 배우들이 모두 방역복을 환영하는 분위기였다. 병원을 탈출하는 신이나 자동차 내부와 수색 신에서도 배우들의 호흡이 잘 맞아서 현장 분위기가 무척 좋았다.

세진과 세주 형제가 등장하는 장면은 영화상에서는 비중이 그리 크지 않지만 화면으로는 영화 전체의 느낌이 잘 구현된 부분이다. 괴물에게 쫓기는 부분이다 보니 (동영상 콘티가 있기는 했지만) 카메라의 움직임 속도도 중요했고, 영화의 침침하면서도 복합적인 분위기를 내기 위해 조명도 각별히 신경을 쓴 장면이다. 괴물이 다

세진세주 형제가 매점서리를 하는 장면. 과자는 PPL 상품들이다.

강두네 가족이 하수구를 수색하는 장면. 이 장면들은 우수구에서 촬영했다. 한강에는 생활하수구와 우수구가 분리되어 있다고 한다.

비오는 날 촬영, 밤 촬영, 하수구에서의 촬영 등 스태프들에게도 촬영은 고난의 연속이었다.

봉 감독이 '다른 나라였으면 나는 벌써 아동학대죄로 잡혀갔을 것'이라고 했던 장면. 두 아역배우는 새벽까지 빗속을 달려야 했다. 세주 역을 맡은 이동호 군은 나중에는 졸면서 달렸다고.

미술팀의 하수구 느낌내기 작업. 한강의 우수구들은 너무 관리가 잘 되어 있어 오래되고 어두침침한 느낌을 내기 위해 다시 작업해야 했다.

매점 장면 촬영 당시 이명박 서울 시장의 방문이 있었다. 서울 시장의 방문 후로 촬영 협조가 아주 잘 되었다.

리를 건너는 장면 같은 것은 결국 촬영감독의 감에 의존해 찍을 수밖에 없는데, 완성된 화면으로는 전혀 그런 느낌이 들지 않을 만큼 타이밍이 적절하게 나왔다.

형제가 괴물에게 쫓기는 장면은 밤을 새워 촬영해야 해서 아역배우들의 고생이 심했던 장면이다. 새벽 세 시에 잠든 아역배우들을 깨워 비를 맞으면서 달리게 하는 일을 반복해야 했던지라 그 고생을 봐야 했던 감독을 비롯한 스태프들의 마음이 여간 불편한 게 아니었다고 한다. 세진 역할을 맡은 이재웅 군(역시 다른 영화의 주연급이지만 한 장면 나온 후 죽고 마는)은 이런 상황에서도 어린 나이답지 않은 침착함과 예의바른 태도, 현장 적응력으로 스태프들과 출연진들을 감동시켰다고 한다. 이미 배우로서 자신이 갈 길을 확고하게 다지고 있는 어린 배우의 앞날이 기대되는 순간이었다.

형제를 집어 삼키는 괴물의 입을 표현하기 위해 스태프들은 별도로 괴물 입 모양의 통을 만들었다고 한다. 그래픽으로만 처리해서는 배우의 몸과 괴물의 입이 직접 닿고 '꿀꺽' 삼키는 물리적인 느낌이 충분히 구현되지 않을 것 같다고 판단했기 때문이다.

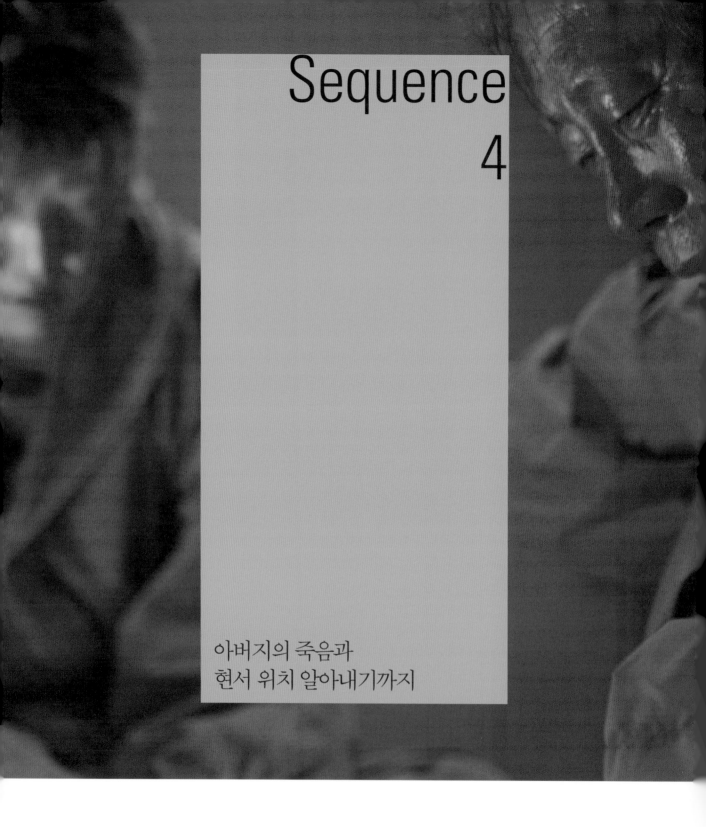

Sequence
4

아버지의 죽음과
현서 위치 알아내기까지

한강 수색이 허탕으로 돌아가고 가족의 생활터전인 매점으로 다시 모인 가족들.
아버지는 큰아들 강두를 챙겨주는 일장연설을 늘어놓는다. 이때 괴물이 등장하고 가족과의
대결이 시작된다. 비극적으로 죽는 아버지, 흩어지는 가족들. 남주와 남일은 도망치고
강두는 붙잡힌다. 남일은 현서의 소재를 알아내지만 잡힐 뻔하고,
간신히 달아나지만 탈진해서 쓰러진다.

아버지의 죽음으로 상징되는 이 부분은 촬영 당시의 난이도가 높아
스태프들 사이에서 '동작대교의 난' 이라고 불린다. 온갖 중장비가 동
원된 특수효과를 포함한 CG촬영에 전체가 비 내리는 신이었고, 촬영
장소로 통하는 통로의 폭이 굉장히 좁아서 촬영 조건이 최악이었으
며, 희봉의 연설 장면과 아버지의 죽음, 그 죽음을 맞은 삼남매의 감정
신까지 처리해야 하는 등 산 넘어 산 격의 난코스였기 때문이다. "해
도 해도 끝이 안 나는 마의 시퀀스였다."고 봉감독은 말한다. 조감독
을 비롯한 모든 스태프들과 배우들도 힘들었지만 감독 역시 '거의 미칠 노릇' 이었
다고 그 때를 회상한다. 매점을 옆으로 쓰러뜨리고 괴물과의 추격전을 벌이고 아버
지가 죽고 군인들이 쫓아오고 가족들은 달아나고 강두는 결국 잡히는 등, 복잡한 요
소가 한 시퀀스 안에 너무나 많았다.

아버지의 설교 중 졸고 있는 남매.

좁은 공간에 사람들이 모여 있는 장면은 봉준호 감독이 선호하는 구도 중의 하나다.
매점에 가족들이 모인 신에서 일어나는 아버지의 일장연설은 바로 직후에 닥치는
괴물의 습격 장면이 유발하는 긴장과 대조를 이룬다. 이 장면에서 특히 배우 변희봉
씨의 연기력이 돋보이는데, 그는 자신이 영화를 하게 된 것은 봉준호 감독 덕분이기
때문에 감독의 모든 영화에 출연한다는 것이 큰 의미가 있었다고 말한다. 처음 시나
리오를 받았을 때는 어려운 작품이며 시간이 많이 걸릴 것이라는 예상은 되었지만,

괴물이 매점을 공격하는 장면은 포크레인을 이용해 실제로 매점을 흔들었다. 오른쪽 사진은 영화 속 장면.

어떤 것을 희생하더라도 제대로 연기를 해보고 싶다는 의욕이 솟았다는 것이다.

이 매점 장면은 동작대교 부근 매점을 놓고 촬영한 것이다. 원래는 촬영 편의상 세트장을 이용하려는 계획도 있었으나 괴물이 습격하고 가족들이 괴물을 추격하는 등으로 내부와 외부가 연결되는 장면이 많아서 부득이하게 현장에 세트를 제작해서 촬영하는 쪽을 선택했다. 동시녹음을 했지만 강북강변로의 차 소리가 너무 시끄러워서 결과물을 도저히 쓸 수 없는 상황이었다. 최종적으로는 후시녹음으로 대사를 다시 입혔는데 아버지의 그 길고 긴 일장연설을 '입을 맞춰' 다시 녹음을 해야했다. 변희봉 씨가 원래 성우 출신이기도 해서 결과는 감쪽같이 자연스럽게 나왔다. 스크린으로 영화를 본 관객들 가운데서 그 대사가 후시녹음이었다는 사실을 알아차리는 이들은 아마 없을 것이다.

과자가 많이 쏟아지게 하기 위해 스태프들이 과자를 던졌다.

매점 촬영 당시의 작은 즐거움은, 매점 내의 소품을 스태프들이 계속 집어 먹었다는 것이다. 감독은 계속 과자를 먹고 연출부들은 생라면을 먹으면서 서로 내 것이 맛있네, 네 것이 맛있네 하고 투닥거리기도 하고 바꿔 먹기도 하면서 재미있는 시간을 보냈다. 물론 매점 안을 채우고 있는 과자들은 PPL 상품들이었다.

가족들이 함께 모인 장면에 환상처럼 현서가 등장한다. 가족 모두가 다함께 꾸는 꿈 같기도 하고 가족들의 간절한 소망 같기도 한 이 장면은 가장 현실적인 장면 속에 슬쩍 판타지 같은 장면을 끼워넣곤 하는 봉준호 감독의 개성이 드러난 부분이기도 하다. 〈플란다스의 개〉에서 현남이의 추격 장면에 갑자기 등장하는, 아파트 층마다 가득한 현남이와 똑같이 노란 옷을 입은 응원단을 기억하는 관객이라면, 이런 환영 또는 꿈 장면에 익숙함을 느꼈을 것이다.

이런 평화로운 장면도 잠시, 괴물의 등장으로 가족들은 이제 괴물과 직접 대면하게 된다. 변희봉 씨와 송강호 씨는 영화 가운데 괴물에게 총을 쏘는 장면을 위해 미리 엽총 사격을 직접 연습하기도 했다.
괴물이 매점을 들이받고 가족이 매점 안에서 빠져나오는 일련의 장면들은 스태프들이 '가장 고생한 장면'의 하나로 꼽는 신이다. 일단 매점을 계속 세워놓고 찍다가 쓰러뜨려 눕히고 보니 입구까지 높이가 너무 높았던 것이다. 그래서 배우들이 입구에서 나오는 장면은 냉장고 등의 내부 물건을 밟고 올라가서 나올 수 있었다는 설정으로 해서 기어나오도록 했다.

매점을 쓰러뜨려놓고 보니 높이가 너무 높아서 사람이 바로 나올 수가 없었다. 그래서 엉망이 된 매점에서 가족들이 냉장고와 기타 물건을 쌓아서 딛고 나오는 것으로 설정되었다.

비가 많이 와서 촬영이 힘들던 장면. 둔치에 물이 찬 느낌을 원했기 때문에 수위가 맞는 날을 고르다가 뒤늦게, 극적으로 촬영되었다.

촬영지가 갈대밭을 배경으로 하고 있어서 다른 시설이 없고 자전거 도로 정도가 있는 지역이었는데, 문제는 이 지역에 주차장 역시 없다는 사실이었다. 살수차, 발전차 등 촬영에 필요한 수십 대의 차량을 근처에 일렬로 주차한 후(여기까지도 쉽지 않았다) 매점 신을 촬영했는데, 카메라 앵글을 바꾸다 보면 주차되어 있는 차들이 화면에 걸렸다. 일렬 주차된 차들을 다시 빼서 다른 곳으로 옮긴 후 촬영을 하기까지 스태프들은 동분서주해야 했다.

총을 쏘면서 괴물을 쫓는 장면, 괴물이 다리를 오르내리며 움직이고 숨었다가 다시 나타나는 등의 장면은 화면 구성이 입체적이어야 한다. 괴물의 움직임이야 비주얼 이펙트로 구현할 수 있지만 그 바탕이 되는 배우들의 연기와 실사 장면 촬영은 다른 영화의 예에 비해 훨씬 더 어려운 조건이었다. 원테이크로 진행된 이 장면에서 감독의 화면 구성과 연출력이 충분히 빛을 발하고 있다.

동작대교 부분의 클라이맥스는 아버지의 죽음이다. 이 신 하나 찍는 데 다른 영화의

괴물이 희봉을 치고 꼬리로 감아서 매치는 장면을 위해 실사 촬영하는 모습.

클라이맥스 찍는 것만큼의 에너지와 노력이 들어갔다고 해도 과언이 아닌데, 봉준호 감독이 개인적으로는 가장 아끼는 장면이기도 하다. 아버지의 죽음에서 기술적으로 가장 문제가 되었던 부분은 바로 '한강' 이었다. 장면 내내 비가 와야 했기 때문에 비가 많이 오는 8월에 촬영을 했는데, 한강이 조수간만의 영향을 크게 받는 강이라는 점을 미처 생각하지 못했던 것이다. 특히 강우량이 많은 철이라 밀물과 썰물에 따라 한강의 수위는 눈에 두드러지게 띌 만큼 달라졌고, 둔치 아랫부분에 있는 한강 수면 바로 옆 턱(아버지가 떨어져서 눕게 되는 그곳)은 오전이면 물 속에 들어갔다가 오후가 되어서야 드러났다. 일단 오전에는 촬영이 불가능한 상황이었다. 거기에 날씨의 협조(?)도 중요한 것이 비가 안 오거나 너무 많이 오면 신의 감정을 살리는 데도 무리가 있었고 연결도 어려웠다. 비가 필요하면 살수차로 만들어 뿌릴 수는 있지만 맑은 날씨에는 광선이 환해서 다른 장면과 연결되지 않았다. 날씨는 흐리면서도 수면의 높이가 원하는 수준에 있어야 했다. 촬영은 여러 번 지연, 반복되었고 배우들의 고생도 점점 더해갔다.

동작대교 시퀀스의 다른 장면들은 모두 촬영이 끝난 상태. 아버지가 피를 흘리며 죽어가는 장면의 촬영이 날씨와 수면 조건 때문에 지연되면서 감독 또한 정신적으로 지쳐갔다. 어려운 장면, 찍어야 할 분량이 많은 촬영이라도 일정대로 찍어가면서 진도가 나가면 스트레스는 좀 덜한데, 찍어야 하는 장면을 못 찍고 찔끔찔끔 촬영 횟수만 늘려갈 때 팀 전체의 스트레스는 나날이 쌓여가기 마련이다. 아버지의 죽음 신만 남겨두고 9월이 되었는데, 실제로 비가 쏟아져준 날이 딱 하루 있었다고 한다.

봉준호 감독은 "그날이 전 촬영 기간 중에서 내가 가장 히스테리컬했던 날이었다." 고 고백한다. '오늘 못 찍으면 이 신은 영원히 못 찍는다.' 는 각오로 그 날 찍어야 할 분량을 7, 8숏으로 정리해서 비장한 마음으로 현장에 나갔던 것이다.

그날은 감독이 새삼 배우들의 연기에 감사하면서 찍은 날이었다. 아버지가 죽고 자식들의 비극적인 감정이 고조되는 이 신을 감독은 다큐멘터리 찍는 느낌으로 가고 싶었다. 그러려면 배우들이 '기성품' 적인 연기를 해서는 안 되고 불균질하면서 생동감 있는 연기를 반드시 보여줘야만 했다. 게다가 배우들 사이의 호흡 역시 중요한

시나리오상에는 아버지를 벤치 밑에 숨기고 가는 것
이었다. 그런데 아버지가 죽는 장소가 둔치가 좋겠다
고 생각했고, 그래서 즉석에서 신문지로 얼굴을 덮는
것으로 결정되었다. 아버지를 두고 가는 아들의 마음
이 전해지는 듯하다.

것이, 누구 하나라도 리액션을 잘못 해주면 전체의 앙상블이 깨지면서 연기 호흡이
부자연스러워질 수 있는 상황이었다. 다행히 송강호 씨의 리드로 박해일 씨와 배두
나 씨도 리액션을 잘 해주어서 감독으로서는 만족스러운 연기 호흡을 이끌어낼 수
있었다. 둔치 위쪽에 남일과 남주가 있고 둔치 아래쪽에 강두와 아버지의 시신이 있
는 상황. 카메라가 올라가면 박해일 씨와 배두나 씨가 보이고, 내려가면 송강호 씨
가 보인다. 다시 카메라가 올라가면 박해일 씨가 배두나 씨를 끌고 달아나려고 하고
카메라가 내려오면 송강호 씨는 울부짖는데 그 뒤편으로 멀리 군인들이 다가오는
장면이 보인다. 차마 발걸음이 떨어지지 않는 송강호 씨는 계속 미적거린다. 봉준
호 감독은 힘들게 찍어서 그랬는지 몰라도 이 장면이 '찍혀진 자체로 기억에 남는
장면'이라고 말한다.

괴물이 아버지를 죽이는 장면은 영화 전체에서 괴물의 '감정'이 표현되고 가족들
의 감정이 폭발한다는 의미에서 매우 중요하다. 원래 시나리오에는 아버지의 시체
를 둔치에 있던 벤치에 숨기는 것으로 되어 있었으나, 둔치의 턱에 벤치가 있을 리
도 없고, 있다 해도 생뚱맞아서 대신 강두가 신문지로 아버지의 얼굴을 덮고 달아나

는 것으로 현장에서 즉석 변경되었다.

뉴스 장면은 실제로 MBC 뉴스룸에 들어가서 촬영한 것이다. MBC 뉴스룸에서 최초로 찍은 영화가 〈괴물〉이라고 하는데, 영화 속 뉴스 장면은 뉴스 소스를 편집해서 TV로 틀고 그 화면을 다시 찍은 것이다. 광화문 네거리에서 사람들이 전광판의 뉴스를 보는 장면에서 감독은 비가 그치고 거리가 물기에 젖어 있어서 불빛이 번들거리며 거리에 반사되는 느낌을 원했다고 한다. 그런데 실제로 촬영 시간에 맞춰 현장에 도착하고 보니 내리던 비가 그친 뒤여서 거리가 젖어 있었다. 기쁜 마음으로 촬영을 시작했는데 다시 비가 내리기 시작해서 스태프들은 부랴부랴 촬영을 서둘렀다. 한편 남일이 버스에 타고 있는 장면은 버스를 대절해서 찍었는데 차량 통제 문제로 자정이 넘어서야 촬영할 수 있었다.

남일이 뚱 게바라의 회사를 찾아가는 장면에 등장하는 큰 빌딩과 그 뒷골목에 대해 궁금해하는 관객들이 많다. 특히 세탁소가 세트냐는 질문도 많았는데, 이 장면에 등장하는 곳은 실제로 존재하는 공간이다. 그것도 서울 한복판, 을지로인데 영화 장면처럼 현대식 대형 빌딩과 낡고 납작한 옛 건물들이 함께 공존하고 있다. 세탁소 역시 실제로 있는 세탁소다. 영화 속에 뚱 게바라의 직장으로 등장하는 대형 빌딩은 실제로도 이동통신 회사가 있는 건물인데, 의도한 것은 아니고 장소를 섭외하다 보니 결과가 우연히 그렇게 되었다고 한다. 감독이 '야경을 볼 수 있는 유리로 된 전망 엘리베이터'를 원했고 촬영은 엘리베이터로 10층 정도를 오르락내리락 하면서 진행되었다.

남일과 남주의 도주, 은신 장면에서 박해일 씨는 부상당한 무릎 때문에, 배두나 씨는 고소공포증 때문에 어려움을 겪었다. 뛰어나오는 남일을 카메라가 비추다가 경찰차가 등장하면 남일은 보이지 않고, 카메라가 다리 아래쪽을 비추면 그 아래 남일이 있는 장면이 있다. 촬영 당시에는 발판을 설치해서 박해일 씨는 손만 잡고 있었다. 이 장면에서 남일이 뒹구는 신은 카메라를 이동차에 거꾸로 달아서 촬영한 것이다. 뒹굴고 떨어지는 장면에서 모든 스태프들은 박해일 씨의 다친 무릎을 걱정했으나, 정작 박해일 씨 본인은 이 영화에 대해 "별로 고생한 기억이 나지 않고 고생한

을지로 SK본사에서 촬영했다. 현대식 건물과 옛 건물이 공존하는 실제 공간이다. 세탁소는 우연히 섭외된 곳이다.

뚱 게바라 역에는 〈남극일기〉의 임필성 감독이 까메오로 출연해주었다.

고소공포증이 있는 배두나가 스태프와 함께 다리를 건너는 모습.   남주가 경찰의 눈을 피해 이동하는 장면. 아래는 콘티북상의 봉감독 스케치.

신도 없었다."라고 담담하게 회고한다.

성수대교 붕괴 이후 한강의 다리들에는 안전검사원이 다닐 수 있도록 통로 같은 것
이 마련되어 있다고 한다. 배두나 씨가 잠을 자고 나와 걸어가는 곳(성산대교 교각
아래)이 이런 통로인데 실제 높이가 무척 높아서 안전로프를 매고 촬영을 했다. 고
소공포증이 있는 배두나 씨는 화면엔 뒷모습만 보였지만 실제로는 울면서 촬영을
해야 했다. 이 장면뿐 아니라 배두나 씨는 이후 계속 달리고 물에 빠지는(심지어 물
이 찬 둔치를 달리기도 하는), 육체적으로 험한 연기를 감당해야 했다. 배두나 씨의
경우는 촬영이 초반부에 몰려 있었다. 특히 2회에서 7회까지는 남주의 신이었는데,
3회차 촬영의 성산대교 남단 아치를 비롯해서, 성수대교 남단을 달리는 장면, 물 속
을 뛰어가는 장면 등 하루 걸러 달리는 장면을 찍어야 했다. 다리가 퉁퉁 부을 만큼
육체적인 고생이 심했다.

풀밭을 달려가는 배두나 씨의 모습이 약간 코믹하게 보이는 장면이 있다. 어두운 장
면인데다 겹치는 것이 많아서 과장될 만큼 크게 달리지 않았다면 달리는 동작이 화
면에서 선명하게 보이지 않았을 것이다. 이런 달리기 자세는 콘티에서부터 그려져
있던 감독이 주문한 연기였다고 한다. 이 '남주의 달리기' 촬영 초반부에서 한 번은
한강 둔치에 물이 차 있었다. 장소 헌팅 때는 물이 없어서 안심을 했었는데, 조수간
만의 차를 고려하지 않았던 것이다. 막상 촬영을 가보니 물이 차 있었고 스태프들은

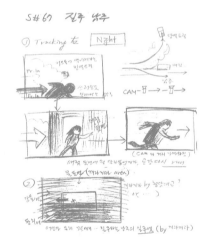

걱정을 많이 했다. 그런데 결과적으로는 남주가 물이 차 있는 길을 달린 덕분에 오히려 좋은 장면이 나왔다.

남주가 괴물을 만나 괴물에게 부딪혀서 구멍에 빠지는 장면(이 구멍은 스태프들 사이에서 '남주골'이란 이름으로 불렸다)의 촬영을 위해서는 실제로 배우를 가격해야만 했다. 와이어로 당기는 느낌과 배우를 실제로 무엇인가로 때리는 느낌은 화면 효과가 완전히 달랐다. 그래서 검은 타이즈를 입은 스태프가 검은색 봉을 들고 남주를 쳐서 쓰러뜨렸다. 배우에게 최대한 물리적인 타격감을 주기 위해 고안한 기법이었다. 영화 〈반지의 제왕〉에서 프로도가 거대한 거미에 부딪혀서 쓰러지는 장면도 촬영 당시 실제로 이빨을 만들어서 배우를 친 것이다. 메이킹 필름에 보면 그런 장면들이 나오는데, 달리 참고할 시스템이 없었던 〈괴물〉 스태프들은 시각효과가 많이 쓰인 외국영화들의 메이킹 필름을 이 잡듯이 찾아가며 화면 분석을 해서 실제 촬영에 활용했다.

현서의 위치는 통신사의 위치 추적 시스템으로 찾게 된다. 남일은 형사들에게 붙잡힐 위기를 맞지만 순간적인 기지로 탈출한다.

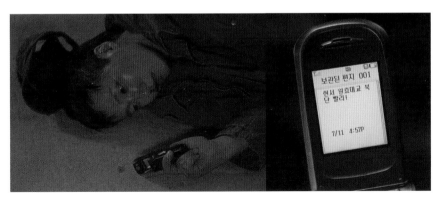

남일의 문자 메시지로 뿔뿔이 흩어졌던 가족은 다시 원효대교에서 상봉하게 된다.

Sequence
5

은신처, 현서와 세주

은신처에 갇힌 현서와 세주. 현서는 위급한 상황에서도 세주를 보살피고,
두 아이는 탈출을 시도하지만 실패한다. 바이러스 소동의 희생양이 될 뻔하던 강두는
가까스로 병원을 탈출해서, 결국 현서가 있는 원효대교의 우수구에 도착한다.
남일과 남주 역시 원효대교에 도착한다.

은신처는 촬영 여건상 결국 로케이션이 아닌 세트를 선택하게 되었다. 은신처 세트
에서 중요한 것은 '높이'였는데 국내의 영화 세트 중 〈괴물〉팀이 원하는 높이를 갖
춘 곳이 없었고 백방으로 수소문한 끝에 결국 수원의 KBS 드라마 세트를 찾았다.
하지만 이곳은 텔레비전의 특수효과를 위한 세트라서 방음 시설이 되어 있지 않다
는 것이 단점이었다. 불안을 무릅쓰고 감행한 촬영, 다행히도 소음이 없어서 방음
면에서는 큰 문제 없이 촬영을 끝낼 수 있었다. 현서 역을 맡은 고아성 양은 내내 바
디 페인팅에 가까운 꾀죄죄한 얼굴 분장과 더러워진 교복 차림으로 세트 안에 있어
야 했는데, 촬영 첫날 다른 제작팀이 "이상한 여자 중학생이 세트 안을 돌아다닌
다."고 하는 말을 들은 후 가급적 〈괴물〉의 세트장을 멀리 벗어나지 않았다고.

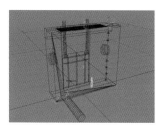

은신처 세트 디자인. 은신처의 사이즈는 모
두 괴물에 맞추어 디자인하였다.

은신처 내부 모습과 미술팀이 은신처를 꾸미는 모습, 은신처 세트를 밖에서 본 모습. 봉준호 감독은 괴물 은신처의 높이를 중요시하였다. 류성희 미술감독은 "은신처를 처음 만들 때
는 디자인이 너무 단순해서 철문도 달아보고 했지만, "너무 멋을 낸 것 같다. 단순하게 가자."고 해서 결국 모두 없앴다고.

애니메트로닉스가 처음 촬영에 쓰인 때가 이 은신처 장면이었다. 애니메트로닉스를 쓸 것인가의 여부에 대해서는 제작과정의 처음부터 마지막까지 수많은 찬반의 견이 있었다고 한다. 웨타의 리처드 테일러는 대표적인 반대파였다. 웨타에서 〈반지의 제왕〉 작업을 할 때 애니메트로닉스를 엄청나게 많이 제작했음에도 불구하고 결국 다 폐기하고 사용한 부분은 결국 나무 인간(트리 비어드tree beard)의 얼굴 부분 정도였음을 상기시키면서, 애니메트로닉스가 '썰렁한' 결과를 가져올 것이라고 걱정했다. 리처드 테일러의 의견은 영화에 괴물이 등장하는 모든 부분은 CG로, 즉 '풀 디지털'로 가야 한다는 쪽이었다. 애니메트로닉스를 제작해서 촬영할 경우 화면효과에서 그 '메카닉한' 괴물과 디지털로 만든 괴물 사이에는 차이가 날 수밖에 없다는 것이다.

만약 웨타와 협력관계를 끝까지 유지하면서 〈괴물〉의 작업을 웨타에서 감행했다면 리처드 테일러의 의견처럼 '풀 디지털 버전'의 괴물이 나왔을지도 모른다. 그러나 우여곡절을 거쳐 비주얼 이펙트를 미국의 오퍼니지와 공동작업하게 되면서 애니메트로닉스의 사용에 대한 입장도 바뀌었다. 괴물과 배우가 물리적으로 '강하게 접촉'하는 때에는 실감나는 영상을 위해 부분적으로 애니메트로닉스를 쓰는 것도 괜찮을 것 같다는 의견이 나왔다.

결국 부분적으로 애니메트로닉스를 사용하기로 했다. 괴물의 입과 사람의 몸이 닿는 장면(특히 아이들을 삼키거나 뱉는 장면)에서는 아무래도 디지털 버전의 비주얼 이펙트만으로는 실감나는 영상이 만들어지지 않을 것이라 판단했기 때문이다.

애니메트로닉스는 '메카닉한' 괴물을 제작하는 것이다 보니, 일단 한 번 만들어놓

분장중인 현서 역의 고아성 양. 꾀죄죄한 분장 탓에 다른 제작팀 사람들에게 '이상한 여자애'로 오인받기도 했다.

은신처에 괴물이 뱉어놓은 식량(?)들. 사람이 계속 누워 있을 수 없어 사람 모형을 제작해 눕혀놓았다.

괴물이 실제로 사람을 토해내는 장면의 소스 화면을 만들기 위해 배우들이 고무를 씌운 신축성 있는 통을 통과하였다. 통 위쪽에 구멍이 나 있어서 배우에게 세트의 빛이 닿는 문제는 둥근 구멍을 낸 검은 천을 통 위에 덮어 해결하였다.

으면 가급적 많이 사용하는 것이 경제적으로 효율적이었다. 처음 제작할 때 초기 비용이 나가지만 이후 촬영은 실사 촬영과 똑같이 별도의 부대 비용이 들어가지 않기 때문이다. 그래서 처음 애니메트로닉스를 이용하기로 결정하고서는 가급적 이것이 등장하는 신을 많이 구성했다고 한다. 문제는 애니메트로닉스라는 것이 적절한 조명과 적절한 카메라 각도에서 '터치'를 해서 활용하지 않으면 썰렁하기 그지없다는 사실이다.

현서는 괴물의 은신처에 잡혀온 세주를 엄마처럼 보살핀다.

아니나 다를까. 호주에서 애니메트로닉스팀이 등장해서 촬영에 합류했는데, 눈으로 보는 이 제품은 그야말로 엉성하고 썰렁해보였다. 현장에 소문이 퍼졌다. "웬 물고기 대가리가 왔다더라. 이를 어떡하면 좋으냐." 호주에서 온 팀들은 기합을 맞춰가며 연습을 하는데, 한국 스태프들은 그 앞에선 "뷰티풀~" "원더풀~" "익스트림리 리얼리스틱~"하며 칭찬을 하다가 뒤로 돌아서서 '이를 어쩌나!' '저 물고기 대가리처럼 생긴 게 과연 제 구실을 하려나.' 하며 걱정을 했다고 한다. 당시의 암울(?)했던 현장 분위기에서는 '저거 다 폐기하고 풀 디지털로 가야 하는구나.' 라는 의견이 대세였다고 한다.

애니메트로닉스 제작과정. 호주 존 콕스 사에서는 한국에서 보내온 괴물의 모습을 보고 정교하게 괴물 머리 부분을 만들어갔다. 이 애니메트로닉스는 나중에 원효대교 결투 뒤 강두가 괴물의 입에서 아이들을 꺼내는 장면에서 또 쓰였다.

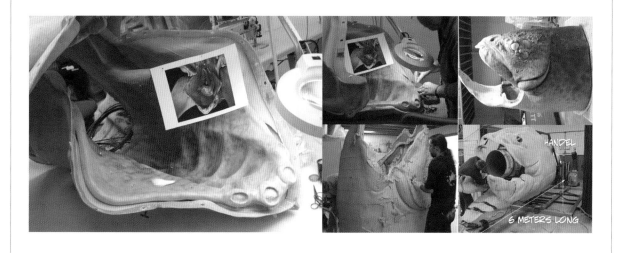

애니메트로닉스를 이용한 촬영에서 난이도가 높았던 것은 은신처 위쪽에 애니메트로닉스를 올려놓고 찍은 신들이었다. 그런데 촬영을 마치고 보니 결과물로 나온 화면이 각도가 맞지 않아서 영 어색하고 부자연스러웠다. 고생도 많이 한 신들이었지만 결국 은신처 위쪽 장면들은 하나도 쓰지 못하고 버려야 했다.

최종적으로 애니메트로닉스가 쓰인 부분은 8, 9 숏 정도였다. 은신처의 마지막 부분에서 괴물이 자고 있고 현서가 캔 맥주를 던지는 장면에서 괴물의 눈과 얼굴 옆면 일부, 그리고 가장 중요한 클라이맥스에서 강두가 괴물의 입을 붙잡고 그 속에서 현서와 세주를 꺼낼 때 애니메트로닉스를 썼다. 결국 이 장면의 '물리적인 접촉' 때문에 애초에 애니메트로닉스를 쓰고자 했던 것이다. 최종 사용 숏을 기준으로 비용 면에서 따져보면 이 장면들을 CG로 처리했을 때보다는 애니메트로닉스를 사용한 쪽이 비용이 덜 들어갔으니 예산 운용 면에서도 효율적인 결과였다.

현서와 세주가 괴물의 은신처에서 먹고 싶은 음식 이름을 대는 장면은 연기 디렉션 없이 즉흥적으로 찍은 것이다. 아역배우들을 앉혀놓고 "뭐 먹고 싶은지 이야기 한번 해봐!"라고 주문해서 촬영한 장면으로, 배우들이 침을 삼키고 먹고 싶은 표정을 짓는 등의 연기는 미리 짜여진 것이 아니라 자연스럽게 나온 것이다.

고아성 양은 캐스팅되었을 때부터 실제로는 존재하지 않는 괴물과의 연기를 '내가

세주 역을 맡은 동호 군은 가끔 말을 듣지 않아 스태프들의 가슴을 졸였다. 괴물 침을 뒤집어쓰지 않으려 해 고생했고, 안 한다고 하면 모두 기다려야 했다. 덕분에 '스태프 80명을 다스리는 아이'라는 별명도 얻었다. 그런데 동호 군은 고아성 양의 말은 잘 들었다고. (80명을 다스리는 동호를 아성이가 다스린다.)

Cinema
note

애니메트로닉스란?

애니메트로닉스(Animatronics)는 Animation과 Electronics의 합성어. 동작을 만들기 위해 기계, 모형 등을 사용하는 방법이다. 〈반지의 제왕〉에서 나무 인간의 얼굴 부분이 애니메트로닉스로 만들어진 것이다. 모터, 실린더, 수동 레버 등 작동 방법은 각양각색이다. 웨타의 리처드 테일러의 반대와 달리, 오퍼니지에서는 직접 접촉하는 부분은 애니메트로닉스로 가도 좋다는 의견이었으므로, 결국 호주 존 콕스 사에 의뢰하여 괴물 머리를 제작하게 되었다.

영화에 쓰이는 애니메트로닉스 대부분 1회성이 많기 때문에 무리해서 많은 경비를 투자하지 않지만, 재사용하거나 부가적인 전시품으로 영구적으로 수익을 보장받을 수 있다면 아낌없이 투자할 수도 있다.

고아성 양은 괴물 납치 때에 이어 은신처에서도 와이어 연기를 펼쳤다. 현서가 뛰어올라 옷밧줄을 잡는 장면과 괴물이 꼬리로 현서를 내려놓는 장면을 촬영 중이다. 와이어 지우는 작업은 국내 CG업체에서 했다.

할 수 있을까?' 라며 걱정을 많이 했는데 똑똑하고 눈치가 빠른 배우라서 막상 촬영 현장에서는 자연스럽게 연기를 해냈다. 제일 까다로운 부분이 배우들의 시선 처리였는데 카메라 뒤에서 시선을 잡아주어야만 했다. 세주 역을 맡은 이동호 군의 경우 간간이 시선이 흔들리는 장면도 있는데, 감독이 어느 정도 선에서 타협을 하고 넘어갔다. 아역배우의 경우 마지막까지 괴롭혀봐야 배우는 배우대로 스트레스를 받고 원하는 결과도 얻기 힘들 것이라고 판단했기 때문이다.

앞에서는 칭찬하고 뒤에서는 '이걸 어쩌나!' 하고 걱정했다는 괴물 머리 모형을 만든 호주 존 콕스팀.

괴물이 현서를 잡았다가 풀어주는 장면은 검은 타이즈를 입은 스태프가 팔로 고아성 양을 감았다가 풀어주는 식으로 촬영을 했다. 꼬리로 죄었을 때 옷이 구겨지는 느낌 같은 것을 살리기 위해 처음에는 고무 튜브 같은 것도 써서 촬영을 해봤으나 오히려 방해가 되어서 결국에는 사람이 그 역할을 한 것이다. 괴물을 CG로 어떻게 구현하는가도 중요하지만 이런 물리적인 효과 역시 사소해 보여도 굉장히 큰 역할을 한다. 예를 들어 남주가 괴물과 맞닥뜨리는 장면에서 괴물이 남주 옆으로 지나가는 효과를 내기 위해 작은 팬을 이용해서 바람을 일으켰다. 이런 장면은 신경 쓴 만

큼의 티는 나지 않지만 사소한 디테일들을 현실감 있게 만들기 위해서는 반드시 짚고 넘어가야 하는 부분들이다.

조명팀의 고생이 특히 은신처에서 두드러졌다. 은신처의 효과를 내는 것도 쉽지 않았는데, 배우들의 의상과 피부 톤 때문에 조건은 더 까다로워졌다. 현서는 하얀 교복 블라우스를 입고 얼굴은 새까맣게 되어 있었다. 어두운 곳에서는 조금만 밝은 것이 있으면 확 두드러져 보인다. 인물들의 스킨 톤과 배경은 어두운 상태에서 현서의 교복이나 노랑이들의 방역복, 강두의 환자복은 밝기 때문에 차이가 많이 나서 조명이 힘들어졌다. 하수구는 빛이 없는 공간이다 보니 이런 밝은 부분이 빛을 받아 두드러지면 전체적인 화면의 균형이 깨지기 때문이다. 타이트한 숏들은 이런 측면들을 컨트롤할 수 있지만 무빙 숏이나 와이드 숏들은 컨트롤하기가 힘이 든다.

현서가 은신처에 난 구멍 안에서 세주를 돌보는 장면은 거의 막바지에 촬영했다. 좀 더 편한 촬영을 위해 은신처 세트 한쪽을 뜯어내었다. 은신처를 뜯어내고 나니 구멍 안에서도 부감숏이 가능해졌다.

은신처 세트는 공간의 제약 때문에 특히 조명이 힘들었던 곳이다. 세트의 모양이 좁고 길어서 카메라의 움직임도 제약을 받는데, 조명은 그 카메라 앵글을 피해서 설치가 되어야 한다. 와이드 숏은 탑에서 라이트를 비추고 인물을 타이트하게 비추는 숏에서는 밑에서 라이트를 했다. 하지만 은신처 장면은 전체적으로 무빙이 많아서 밑에서 라이트를 한 경우는 드물었다. 이런 부분에서 조명팀의 아쉬움이 컸다. 다르게 라이트를 할 수도 있었는데 공간의 제약 때문에 쓸 수 있는 라이팅이 제한이 되었으니 말이다.

강두가 갇혀 있는 컨테이너는 세트 촬영이다. 길이가 10미터가 넘는 컨테이너를 세트로 만들어서 촬영을 했다. 스케줄 문제와 의료 장비 대여 기간 때문에 배경이 보

Cinema
note

현서가 괴물에게 캔 맥주를 던지는 장면의 촬영 현장에서는 괴물 모형을 움직이기 위해 스태프들이 갖은 시도를 다했는데 한 연출부의 표현대로 '정말 가관'이었다. 현서가 괴물 위로 점프하는 장면은 모래주머니를 쌓아서 괴물 모형을 만들고 검은 천을 씌워서 촬영했다.

〈반지의 제왕〉 시리즈 가운데 레골라스가 대형 코끼리를 타고 싸우는 유명한 장면이 있는데, 메이킹 필름을 보면 그 장면이 모래주머니를 쌓아서 모형을 만들고 촬영되었다는 사실을 알 수 있다. 사소하게 보고 넘어갈 수 있는 다른 영화의 메이킹 장면들이 다 참고가 되었다.

이는 장면들은 모두 세트에서 촬영을 하고, 문이 열리는 장면은 안산 모형비행장에서 찍었다. 영화상의 설정은 6월인데 촬영 일정상 가을에 촬영을 했고, 그래서 배경의 갈대가 누런 색으로 물들어 있는 것이 보인다.

사스(SARS) 때 실제로 어떤 분이 강두처럼 컨테이너에 격리되었던 일이 있었다고 한다. 인천공항에 입국했는데 사스 보균자로 의심이 되어 컨테이너 박스에 상당한 기간 동안 격리수용되었는데 그동안 외부와의 접촉은 일체 허용되지 않았고 일간신문과 유선전화 한 대만이 세상과의 유일한 통로였다는 것이다(결국 그 분은 사스 환자가 아닌 것으로 밝혀졌다). 이런 이야기를 들은 봉준호 감독이 강두를 컨테이너 박스에 격리시키기로 결정을 내렸다.

괴물이 쏟아내놓은 해골들을 만드는 장면.
위에서 기계로 해골을 쏟아내고 있다.

원래 강두가 격리되어 있는 의료 컨테이너 박스는 빌딩의 옥상에 덩그렇게 놓이는 것으로 설정되었다가 나중에 허허벌판에 놓여 있는 것으로 설정이 바뀌었다. 옥상에 컨테이너 박스가 있으면 강두가 탈출을 할 때 위에서 내려오고 강두를 쫓는 사람들이 아래에서 올라오고 하는 식으로 동선이 역동적으로 구현될 수 있다는 것이 애초의 설정 의도였다. 하지만 영화 〈매치스틱 맨〉에서 옥상 위에 놓인 컨테이너 장면이 등장하는 것을 보고 난 감독이 설정을 바꾸었던 것이다. 강두가 간호사를 인질로 잡은 끝에 확보한 앰뷸런스는 좀 특이한데, 영화 촬영용 차량을 대여하는 업체에

촬영에 쓰였던 외제 앰뷸런스.

몸에 감기는 꼬리의 느낌, 그리고 옷이 구겨지는 느낌을 더 리얼하게 살리기 위해서 튜브를 쓰는 등 여러 가지 시도를 했다.

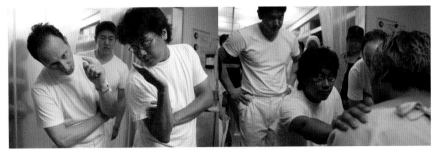
미국 의사로 출연한 폴 라자는 양들의 침묵에도 출연했었다.

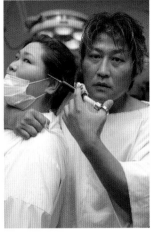
인질 간호사 역은 〈플란다스의 개〉에서도 출연했었던 고수희 씨다.

딱 한 대 있던 외제 앰뷸런스를 빌린 것이다. 스태프들은 "뽀대 난다(멋져 보인다)!" 며 이 앰뷸런스를 환영했다.

의사 역을 맡은 외국인배우는 짧은 시간의 등장으로 강한 인상을 주는데, 〈양들의 침묵〉에서 한쪽 눈이 사시인 연구원(원래 이 배우가 한쪽 눈이 그렇다고 한다)으로 출연했었다. 의사와 강두가 대화하고 대립하는 신에서는 삭제된 부분이 많다. 원래 시나리오에는 독일어로 된 대사가 포함되어 있었고 촬영까지 했는데 너무 길다는 느낌을 주어서 편집과정에서 삭제되었다. 현장에서는 배우가 독일어를 잘 하지 못해서 앞에 대본을 써놓고 읽어야 했다. 봉준호 감독은 영화를 만들면서 이 영화가 해외 영화제에서 어떻게 보일지를 의식하고 생각하는 편이라고 한다. 예를 들어 외국어 대사 장면 같은 것이 현지 사람들이 보았을 때 엉성하고 우습게 보이면 영화 전체에 대한 인상이 흐려질 것이라고 생각하는 것이다. 그래서 이 독일어 대사 부분도 독일어 원어민에 준하는 사람을 현장에 데려다 놓고 검수를 받아가며 오케이를 시켰다.

봉 감독은 독일어 대사 하나라도 허투루 가는 것을 싫어해 배우 옆에 독일 현지인을 두고 감수하게 했다고.

이 장면에서 의사가 쓰고 있는 방독면에 습기가 많이 차서 배우가 고생을 좀 했다. 완성된 영화에서도 습기가 차 있는 부분이 보이는데, 이 장면을 수정하거나 삭제하지는 못했다. 봉준호 감독은 이런 부분에서 결정이 빠른 편이다. 포기해야 할 것과 지켜야 할 것을 구분하고 빨리 결정을 내리는 편인데, 이 방독면의 습기 부분도 포기하고 대범하게 넘어간 경우에 속한다.

당국에 잡힌 강두가 전두엽 절제를 위해 붙잡혀 있는 장면에서 영화광들은 스탠리

의사가 "노 바이러스!"라고 하는 말을 듣고 강두가 번쩍 고개를 드는 장면. 강두가 충격을 받아 어릴 때의 똑똑했던 모습으로 돌아간다는 설정도 있었다.

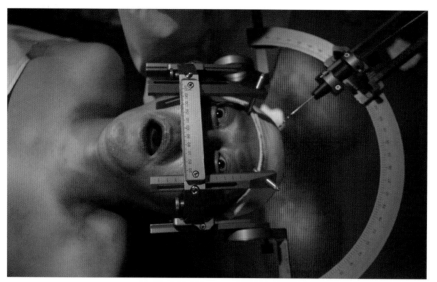

길이가 10m가 넘는 컨테이너를 세트로 만들고 촬영했다. 스케줄상의 문제 때문에, 그리고 의료 장비 대여 기간 때문에 세트가 배경으로 보이는 장면들은 모두 세트에서 촬영을 하고 문이 열린 후의 장면은 안산 모형 비행장에서 찍었다. 격리병원의 장소는 원래 빌딩 옥상이었는데, 나중에 벌판으로 설정이 바뀌었다.

장비가 흔들리지 않도록 송강호 씨가 온몸에 힘을 주고 주의를 하면서 찍었다. 어려운 감정 연기를 하는 순간에도 소품의 리얼리티를 위해 이중의 노력을 했던 주연 배우의 고충이다.

큐브릭 감독의 〈시계태엽 오렌지〉를 떠올릴 것이다. 뇌조직 추출 장면은 대본 없이 송강호 씨의 애드리브 연기로 간 부분이다. 초기의 시나리오에서는 강두가 이 장면을 계기로 예전의 '멀쩡했던' 시절로 돌아가 정신을 차리고 영어도 하고 하는 장면으로 설정이 되어 있었다고 한다. 실제 전두엽 수술 장비는 1밀리미터의 오차도 없게 하기 위해서 장비가 전혀 움직이지 않는데, 촬영 현장에서 사용한 것은 모형이다 보니 장비가 조금씩 흔들렸다. 장비가 움직이거나 하면 나중에 영화가 완성되고 관계자나 전공자들이 보면(예를 들어 의료계에 종사하는 분들이 관객으로 와서 볼 경우에) 우습고 썰렁해 보이기 때문에 장비가 흔들리지 않도록 하는 것이 중요했다. 그래서 송강호 씨는 온몸에 힘을 주고 신경을 집중해서 장비가 흔들리지 않도록 주의를 하면서 이 장면의 연기를 해야 했다. 어찌나 힘을 줬던지 세 테이크를 찍고 나서 거의 기진맥진했을 지경이었다.

현서가 은신처를 탈출하기 위해 만든 옷감 밧줄은 실제로는 젖어서 아역배우들이 무거워서 던질 수가 없었다. 어른들이 집어 던져봤지만 너무 무거워 높은 입구까지 닿지 않았다. 결국 스태프 중에서도 가장 '힘이 좋은' 스태프가 높은 발판을 두고

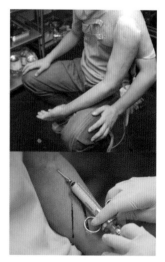

혈액 채취 장면에 쓰인 팔.

옷으로 묶은 빗줄은 물을 먹어 아역배우들이 매우 힘들어했다. 실제로 힘센 어른이 던져도 올라가지 않았다.

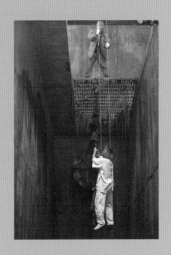

강두가 옷밧줄에서 현서의 옷을 확인하는 장면. 와이어가 있었지만 안전을 위한 것이었고, 팽팽하게 당겨지는 밧줄의 느낌을 위해 실제로 매달렸다. 옷밧줄은 송강호 씨의 몸무게를 견딜 만큼 튼튼하지는 않아서 안에 로프를 심었다.

올라가 밧줄을 던져서 걸 수 있었다.

반면 이 밧줄은 송강호 씨가 매달리기에는 부실해서 결국 안에 로프를 넣어야 했다. 현장 촬영에서는 와이어에 매달리고 CG로 처리하자는 의견도 있었으나 실제로 밧줄에 매달렸을 때 몸무게로 인해 팽팽해지는 느낌을 감독이 선호했다. 그래서 와이어는 안전장치로 부착하고 했고, 결국 배우가 정말 매달리는 쪽을 선택했다.

남일이 원효대교 위를 달려오는 장면. 원효대교는 본래 평탄하지 않고 솟아 올라와 있는 부분이 있어서 거기서 내려다보면 교통 체증 때면 차량들 불빛이 일렬로 쭉 보인다. 봉준호 감독이 원했던 이미지도 바로 그런 것이었다. 그런데 막상 촬영 당시에는 차가 별로 막히지 않아서 그런 효과가 나지 않았다. 결국 스태프가 다리 위의 차량 통행을 막았고, 이 장면은 도둑 촬영하다시피 서둘러서 끝내야 했다.

은신처 장면에서는 동물배우들도 출연한다. 현서의 팔을 올라가는 거미, 강두가 우수구에 도착해서 딸의 옷을 발견하고 우수구 안으로 뛰어드는 장면에 등장하는 쥐들. 하수구라는 느낌을 살리기 위해 감독은 벌레가 많았으면 좋겠다는 주문을 했는데, 실제 사이즈의 벌레들은 너무 작아서 화면 효과가 잘 살아나질 않았다. 그래서 스태프들이 큰 벌레들을 구해와야 했는데, 현서와 함께 등장하는 색깔 있는 거미는

남주가 괴물을 만나 습격당하는 장면 촬영 모습. 실감나는 소스 화면을 위해 타이즈 입은 스태프가 쿠션을 넣은 방망이를 휘둘렀다.

은신처 장면에 등장하는 동물배우들.

무선으로 조종하는 케이블캠

강두가 은신처 안으로 들어가는 장면은 케이블캠(Cablecam)을 이용한 촬영이다. 케이블에 카메라가 연결되어 있고 반대쪽에서는 카메라의 속도에 맞춰 사람이 뛰어야 한다. 이 장면은 우수구에서 찍었기 때문에 크레인이 들어갈 수 없었고, 결국 촬영 전날 사람들이 다 우수구로 들어가 미리 징을 박아놓는 등의 준비를 해야 했다. 〈반 헬싱〉에서 드라큘라의 신부들이 마을 사람들을 낚아채어 끌고 가는 장면에도 케이블캠이 쓰였다. 이 장면은 드라큘라의 신부들의 시각으로, 언덕 높이에서 시작해 마을로 뛰어들어 건물들을 피하며 광장을 지나 교회로 향하는 반헬싱을 추격한다.

촬영 전날 우수구에 징을 박아놓는 등 공사를 마친 뒤 케이블캠을 사용할 수 있었다.

한약방에서 섭외해온 것이다. 원래 이 거미는 어두운 곳에서는 살지 않는데, 화면 효과를 위해 할 수 없이 출연시키게 되었다고 한다. 쥐 역시 실험용 쥐를 구해서 색칠을 해서 쓴 것이다. 국내에서는 촬영에 아직 검은 색깔의 집쥐를 쓰는 경우가 없다고 한다.

강두가 다리 위를 달리는 장면도 쉽게 보이지만 촬영은 쉽지 않았다. 지미집을 설치한 차가 달리면서 달리는 배우를 찍었는데, 차의 속도와 배우가 달리는 속도를 맞추는 것이 쉽지 않았다. 처음에는 카메라가 강두의 뒤를 따라가다가 강두를 앞지르고 강두가 카메라의 뒤로 처진다. 다시 강두가 앞서 달려나가면서 카메라는 공중으로 붕 떠서 한강을 조망해주는 숏이다. 달려가는 장면을 앞이나 옆에서 평면적으로 찍을 수도 있었을 것이다. 하지만 촬영 과정이 좀 복잡했지만 이런 식으로 변화를 줘서 찍은 결과 강두의 급박한 감정과 그로 인한 행동들이 좀 더 실감나게 부각되고, 그가 처해 있는 상황을 시각적으로 보여주는 화면을 얻을 수 있었다.

괴물이 지나갈 때 바람을 표현하기 위해서 작은 팬을 이용했다. 티는 많이 안 나지만 이런 디테일한 부분에 신경을 많이 썼기 때문에 CG가 실제처럼 느껴지는 것이다.

지미집을 설치한 차가 달리는 강두를 찍는 모습.

Sequence
6

원효대교, 그리고 괴물과의 사투

드디어 괴물과 맞서게 된 강두와 남주, 남일. 한강에서는 괴물과 강두 가족을
이슈로 시위가 열리고, 경찰이 배치된다. 삼남매의 싸움 끝에 괴물은 죽음을 맞지만,
현서는 목숨을 잃는다. 대신 자신의 품에 끌어안고 있던 세주의 목숨을 살리고서.
두 아이를 괴물의 입에서 꺼내는 강두. 세주와 새로운 가족을 이룬 강두는 다시 평화로운,
하지만 결코 이전과는 같지 않은 삶을 살아간다.

괴물의 죽음 신은 영화의 설정 그대로 원효대교에서 촬영했다. 사실 원효대교 아래
에는 400대의 자전거가 동시에 세워져 있는 자전거 대여소가 있다. 촬영을 하려면
그 많은 자전거들을 일일이 다 치우고 찍은 후 다시 제자리에 일일이 가져다 놓아야
하는 문제가 있어서, 스태프들은 어지간하면 원효대교가 아닌 다른 다리를 로케이
션으로 선택하고 싶어 했다. 그런데 문제는 원효대교 아래에 있는 우수구가 가장 커
서 괴물의 은신처로 적합했고(정치적인 해석과는 달리 원효대교가 괴물의 은신처
로 결정된 이유는 우수구 때문이다), 원효대교의 교각은 다른 다리와 달리 V자 모양
으로 독특한 모양을 하고 있어서 로케이션을 바꾸는 것이 불가능했다. 결국 스태프
들은 자전거를 나르는 쪽을 선택해야 했다. 10회가 훌쩍 넘어가는 촬영 내내 전날
밤에 400대의 자전거를 치우고 (물론 장사를 못하는 것을 보상하기 위해 엄청난 비
용을 대여소에 지불하고) 촬영을 한 후 다시 400대의 자전거를 제자리에 돌려놓아
야 했다. 원효대교 장면이 얼마나 힘들었던지 스태프들은 〈반지의 제왕〉에 나오는
모리아 광산의 이름을 따서 원효대교를 원효모리아라고 불렀다.
괴물의 죽음과 한강의 시위 장면은 촬영 현장의 어수선함과 산란함이 최고조에 달
한 시기였다고 한다. 원래 800명 정도의 군중이 모이기로 예정된 몹 신은 '〈괴물〉
현장 가면 엄청나게 고생한다더라'는 소문이 퍼진 탓에 500명의 군중으로 만족해
야 했다. 매일의 촬영을 일정대로 진행하면서도 비주얼 이펙트를 위한 부분들은 미
리 스케줄에 맞춰 촬영해서 보내고, 미국 오퍼니지에서 보내온 비주얼 이펙트 결과

사람들로 빼곡한 장면을 원했지만, 힘들다
는 소문과 자주 변경되는 일정 때문에 오지
않은 보조 출연자들이 많았다. CG로 메워
볼까 생각했지만, 카메라 앵글을 바꾸고 연
기를 뿜어서 해결했다.

한강이라 연기가 금방 날아가버리곤 했다.
스태프들은 방역기를 들고 연기를 뿌리느라
무진 고생을 했다고.

를 점검하는 등의 일을 촉박한 일정에 쫓기며 진행하다 보니 감독은 거의 몸과 마음
이 탈진 상태에 이르렀다. '기억하고 싶지 않은 원효대교'라는 것이 감독의 회상일
정도다. 주말에는 둔치에 유동인구가 너무 많아 찍을 수 없었고 그나마 평일을 이용
해서 영화를 찍는데, 그 촬영 현장이 그럴 수 없이 괴이했다. 영화의 처음 부분인 서
강대교 부분만 해도 매점에서 장사를 하고 놀러 나온 사람들이 습격을 받는다는, 다
분히 리얼리티에 근거한 촬영 내용이었다. 하지만 원효대교 장면은 일단 내용이
'갈 데까지 갔다'. 영화 화면에서 볼 때야 편집이 되고 CG가 들어갔으니까 자연스
럽게 흘러가지, 현장 상황은 산란함의 극치였다. 사람들이 멀쩡히 지나다니는 둔치
에서 누구는 심각한 표정으로 화염병을 던지고 누구는 진지하게 양궁 활을 당기고,
이상한 의상을 입은 송강호 씨가 뛰어다니면서 허공을 상대로 액션을 하고… 스카
이댄서(바람에 움직이면서 춤을 추는 대형 인형)가 춤을 추는 와중에 이상한 구호
와 사진을 걸어놓은 시위대가 시위를 하고, 달팽이처럼 생긴 노랗고 커다란 물체(에
이전트 옐로)가 기중기에 달려 있는 상황. 그런 현장만 보면 감독으로선 민망하고
어수선해서 '이게 뭔가, 정말 미쳤구나.'라는 생각이 들었다고 한다. 이때쯤 촬영
은 90회를 넘어 100회로 가고 있었고 정신적 육체적으로 탈진했던 봉준호 감독은
'오늘은 정말 찍기 싫다.'라는 충동을 느낀 적도 많았다. 스태프와 배우들의 고생이
눈에 보이니 미안하기도 했다.

검은 타이즈맨의 재등장. 실제 촬영에서는
괴물이 보이지 않으므로 또다시 검은 타이
즈맨이 기준점이 되었다.

남일이 노숙자와 함께 원효대교로 가는 장
면을 촬영하고 있다.

남주는 불붙은 활을 쏘아 괴물에게 최후의 일격을 가한다. 영화 속에서 양궁선수가 되기 위해 실제 양궁훈련을 받았던 배두나는
양궁 선생님이 자리한 시사회에서 "영화 속 제 양궁자세를 보시고 과연 선생님이 뭐라고 하실지 걱정된다."고 말하기도 했다.

에이전트 옐로를 어떤 소재로 구현할지에
대해 고민과 실험을 많이 했다고 한다. 카레
가루의 느낌도 좋았지만 너무 매워서 결국
황토가루를 쓰게 되었다.

현장에서 괴물 역할은 검은 타이즈를 입은 사람들이 천을 댄 양동이를 들고 맡았다. 송강호 씨는 그 양동이를 상대로 딸을 되찾기 위해 공포스러운 괴물과 맞서는 연기를 해야 했다. 송강호 씨가 힘이 센 편이어서 여러 사람들이 양동이를 받치고 있어야 했다. 집중력 있게 연기를 펼친 송강호 씨의 열연이 없었다면 이 부분은 엉성하게 완성되었을지도 모른다. 봉준호 감독은 송강호 씨를 'CG를 실사로 끌어오는 배우'라고 표현했다. CG를 비롯한 특수효과가 많은 영화에서 자칫 실제 배우들이 CG에 흡수되는 경우가 많은데, 송강호 씨의 경우는 오히려 반대로 자신의 에너지를 통해 CG를 현실로 끌어당긴다는 것이다. 크리처 디자인의 단계에서도 '송강호와 마주 섰을 때 어울려 보여야 한다'는 것이 하나의 조건이 되기도 했다.

다리에서 떨어져 기절한 남일을 돌봐주고 괴물에게 휘발유를 붓는 노숙자 역에는 연극배우 출신인 윤제문 씨가 맡았다.

괴물의 입이 여러 겹으로 되어 있다는 사실은 괴물 크리처 디자인 단계에서도 일찌감치 결정되어 있었던 부분. 영화 속에서 괴물의 입에서 아이들을 꺼내는 부분은 출산 장면을 떠올리게 한다. 칸느 국제영화제 당시 이 괴물을 가리켜 '연꽃 모양의 입'을 가지고 있다는 기사가 외국 언론에 실리기도 했다.

괴물이 없는 상태에서 연기하는 송강호 씨. 그의 연기력은 영화 화면에서 더더욱 빛을 발한다.

괴물의 입에서 강두가 아이들을 꺼내는 장면은 영화 전체에서 대단히 중요한 의미가 있다. 연기를 하는 송강호 씨는 절로 통곡을 터뜨렸는데, 봉준호 감독은 그 얼굴을 정면에서 클로즈업하기 보다는(모든 감독들이 빠지기 쉬운 유혹임에도 불구하고) 강두의 등을 카메라로 잡는 편을 택했다. 자신의 딸이 죽고 그 아이가 살린 다른 어린아이를 끌어안는 강두의 심정을 연기한 배우의 감정을 송강호 씨는 이렇게 말한다.

Cinema
note

남일은 운동권 출신. 봉 감독은 박해일 씨에게 능숙한 솜씨로 화염병을 던질 것을 주문했다.
시나리오에는 이렇게 나와 있다. "왼손에 계속 쥐고 있는 불붙은 화염병에, 새로 꺼낸 화염병을 불붙여 연속으로 투척하는 남일의 현란한 개인기…"

남일이 실수로 떨어뜨리고 만 화염병의 남은 불꽃을 남주가 화살로 콕 찍는 장면. 배두나 씨가 발을 대고 있으면 스태프가 화살로 불꽃을 찍어서 촬영.

동작을 설명하고 있는 봉 감독.

검은 타이즈맨이 기준봉을 들고 있고, 송강호 씨가 이 기준봉을 보고 괴물을 치는 동작을 연기하였다.

강두가 괴물을 찌르는 장면. 송강호 씨는 힘이 좋아 여러 사람이 양동이를 들고 있어야 했다.

노숙자가 다리 위쪽에서 괴물에게 석유를 붓는다. 괴물이 받아먹으면서 석유가 튀는 장면을 위해 괴물 입 높이에 천을 씌운 양동이를 두고 촬영하였다.

"누구도, 그 어떤 누구도 이 어린 두 영혼을 도와주지 못했다는 거죠. 두 영혼이 누구도 도와주지 못한 상황에서 스스로 자기들끼리 끌어안고 나오는 것을 볼 때는, 아버지로서의 느낌보다는 이 사회의 어른 입장에서 통곡의 눈물이 났던 기억이 납니다. 그런 점에서 현서의 마지막 체온을 느꼈던 세주가 강두에게는 현서의 체온을 느낄 수 있는 유일한 실오라기라는 생각이 들어요. 세주가 눈을 뜨고, 그러니까 새로운 희망으로 눈을 뜨는 거죠. 그렇든, 안 그렇든 강두는 세주를 안았을 거 같아요. 살아있기 때문에 안고 간다는 겁니다. 하지만 만약 아이가 죽었어도 안고 가지 않았을까 싶어요."

연기가 연기를 하길 원했던 장면. 연기가 싸악 사라지면 강두가 누워 있는 모습이 보이는 장면.

마지막 엔딩 장면의 매점. 감독이 원한 이미지는 황량한 둔치에 매점 하나만 달랑 있는 느낌이었다. 서강대교에서 사용했던 매점 세트를 광나루 쪽으로 이동해서 촬영했다. 눈 내린 풍경을 재현하기 위해 기본적으로 매점 주변에 소금과 염화칼슘을 뿌리고 나머지는 CG의 힘을 빌었다. 원래 장면은 강두가 총을 겨누면 옷 하나를 함께 뒤집어 쓴 연인이 눈이 날리는 속에서 뛰어나오는 설정이었다고 한다. 매점에서 강두가 보는 텔레비전 뉴스에 등장하는 미국 의회 장면은 별도로 찍은 것인데 국내에서 활동하는 배우 중에는 미국인 배우가 없어서 러시아계 배우들이 출연해서 촬영을 했다.

눈은 소금과 염화칼슘으로 만들어졌다.

매점의 내부 장식에서 처음 매점에 있었던 멧돼지 박제가 없어진 것이 포인트. 아버지 소유였던 멧돼지 머리 박제가 사라졌다는 사실은 여러 겹의 의미를 가지는 설정이다. 강두는 이제 그 이전과 달라졌다. 자신의 힘으로 가족을 지키려 하고, 늘 준비하는 마음으로 살아간다. 그리고 그 곁에는 새 희망처럼 세주가 자라고 있다.

영화 초반부에 등장했던 멧돼지 장식.

봉준호 감독은 촬영이 거듭되면서 비주얼 이펙트 부분을 책임지고 제작, 점검해야 하는 일정과 촬영 일정을 병행하는 과정에서 체력적으로 탈진했다. CG가 등장하는 숏이 100 숏이 넘는데, 한 숏당 최소한 4, 5회 이상 점검하고 다시 코멘트를 해서 미국으로 보내줘야 했다. 그것도 미국에서 제작해서 보내온 플레이트가 도착한 지 3일 안에 감독이 코멘트를 해주지 않으면 오퍼니지 쪽에서는 확정된 것으로 알고 진

딸을 잃은 뒤의 강두. 노랗게 물들였던 머리가 검게 되었다. 라스트는 원래 다른 내용이었으나, 그냥 밥 먹는 장면에서 끝나는 것으로 감독이 라스트를 바꾸었다. 그러다 보니 계속해서 밥 먹는 장면이 없었다. 다른 테이크에 켜진 텔레비전이 나오고 밥 먹는 장면이 있었는데 그 장면을 갖다 쓰고 켜진 텔레비전은 CG로 처리해 꺼진 것처럼 만들었다.

괴물의 죽음 장면에서 또 하나의 중요한 연기자는 바로 '에이전트 옐로' 다. 본체의 디자인 자체가 괴생명체처럼 생긴데다가 발사를 조작하는 리모콘 역시 본체의 디자인을 닮았다(유선형의 매끈한 1차 완성품을 감독이 거부한 덕분에 지금의 결과가 나왔다). 더구나 '노란' 연기가 나와야 했기 때문에 스태프들은 노란색이 날 만한 재료들로 여러 번의 실험을 거쳐야 했다. 카레가루로 만든 에이전트 옐로는 색깔은 그럴 듯했지만 너무 매워서 도저히 촬영을 할 수가 없다는 부작용이 있었다. 마지막으로 선택된 재료는 황토. 에이전트 옐로를 뿌리고 남은 황토가루는 여자 스태프들에게 골고루 나눠주었다. (왜냐하면 황토가루로 머드팩을 할 수 있기 때문이다.)

하지만 에이전트 옐로가 뿜어내는 연기가 실제로는 곧 흩어져서, 이 장면에서 필요한 '연기 자욱한' 느낌을 내기에는 역부족이었다. 한강 둔치는 바람이 많이 부는데다가 바람의 방향 역시 예측이 불가능했다. 스모크 머신 역시 연기가 흩어져서 남아 있지 않았다. 결국 방역차(소독차라는 이름으로 알려져 있는) 대여섯 대를 동원해서 연기를 내뿜었고, 스크린에서 볼 수 있는 것처럼 괴물과의 사투 과정 내내 '뿌연' 화면을 유지할 수 있게 되었다. 이 장면만 열 번을 넘게 찍었는데 촬영 당시 아마 둔치 주변의 주민들이 소음으로 상당히 불편을 겪었을 것이다.

리허설 과정에서는 강두가 괴물의 입에서 현서의 몸을 꺼낼 때 연기가 강두의 몸을 타고 흘러내렸다. 기가 막힌 타이밍이었고 효과가 훌륭했다. 그러나 정작 본 촬영 때, 연기의 '연기' 는 감독의 마음대로 되지 않았다고 한다. 또, 연기가 사라지면 강두가 누워 있는 모습이 보이는 장면이 있는데 이 장면에서도 연기를 길들이기 위해서 스태프들이 애를 썼다. 연기를 만들어내고 컨트롤하는 것은 김준수 조감독의 몫이었는데, 방역기 소리가 너무 커서 의사전달도 제대로 되지 않는 현장에서 그가 겪은 고생은 말로 하기 어려웠다고 한다. 무전기 소리도 제대로 들리지 않았고, 집에 가서 누워도 방역기의 '다다다다다~' 하는 커다란 소리가 환청처럼 울렸다는 것이 모든 스태프들의 공통된 경험이었다.

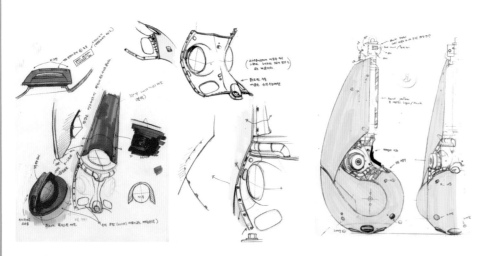

에이전트 옐로 스케치와 도면들.

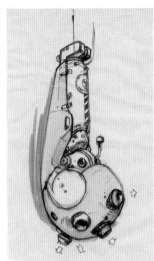

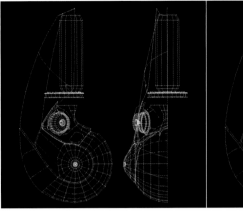

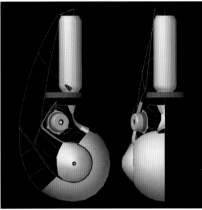

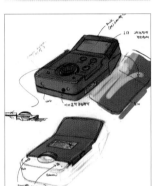

초기의 리모콘 형태와 촬영에 쓰인 리모콘. 약간 투박하게 만들었다. 후에 가전제품에 딸려 있는 리모콘의 형태들이 본체와 비슷하다는 점에 착안해 이와 같은 노란색 리모콘으로 교체되었다.

에이전트 옐로 제작과정

The Host
괴물
3

괴물 크리처 디자인

디자이너 장희철 씨가, 〈괴물〉의 미술감독인 류성희 감독에게서 전화를 받고 있는 친구와 함께 있었던 것은 2003년 12월의 일이었다. 마찬가지로 디자인 업계에서 일하고 있던 그 친구는 한 다리를 건너 류성희 감독에게서 '봉준호 감독의 새 영화에 등장할 괴물의 크리처 디자인을 할 사람을 소개해 달라'는 부탁을 받고 있었다. 평소 그런 분야에 흥미가 있었던 장희철 씨는 자신이 한번 감독을 만나보겠다는 의사를 밝혔다. 2005년 여름까지의 고난의 작업은 그렇게 시작되었다.

봉준호 감독과의 첫 만남에서 장희철 씨는 물방개가 변이된 것 같은 형태의 괴물을 디자인한 포트폴리오를 들고 나왔다. 괴물이 사람의 옷을 벗겨 잡아 먹는 과정을 동작별로 묘사한 스케치였는데, 디자인도 디자인이었지만 그 포트폴리오를 만든 방식이 감독의 마음을 더 사로잡았다. 디자이너 본인의 셀프 포토레이트 사진(누드가 포함된)을 합성해서 괴물 스케치를 완성해갔던 것이다.

봉준호 감독은 처음부터 괴물의 모습을 어느 정도 정해놓은 상태였다. 교각을 타고 올라가는 모습, 꼬리를 이용해 다리에 매달려 있는 모습, 사람을 홱 낚아채는 꼬리, 산 페르민 축제처럼 사람들을 좇아가면서 몰아대며 땅 위를 달리는 황소의 이미지

Cinema
note

크리처 디자이너 장희철 씨가 봉준호 감독에게 들고 간 포트폴리오. 괴물 디자인은 물방개에서 착안한 것이다.
장희철 씨는 자신의 사진을 찍어 괴물의 모습과 합성하는 열정을 보여주었다.

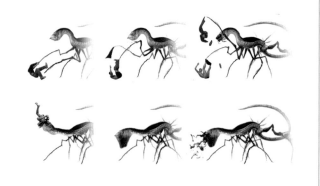

등이 감독의 머릿속에 들어 있었다. 직접 해놓은 스케치도 있었다. 괴물의 크기도 어느 정도 구체화되어 있었다. 사람을 입으로 삼킨 후 머금고 있다가 뱉어놓는다는 설정도 이미 정해져 있었다.

봉준호 감독이 영감받은 이미지들.

더구나 괴물은 어디서 뚝 떨어진 것이 아닌, 돌연변이 생명체였다. 다양한 돌연변이 생물의 사진이 자료로 쌓여갔다. 사람과 함께 연기하고 실사배우와 자연스럽게 어우러져야 했다. 무엇보다도 주연배우인 송강호 씨와 마주섰을 때 어울릴 수 있을 만큼 '한국적'인 느낌이 나야 했다. 중력이 존재하는 지구, 그것도 한강에서 살아가는 생물이니만큼 사실적인 움직임을 보여줘야 했다. 컴퓨터 게임에 등장하는 멋있는 캐릭터는 애초 생각에서 지웠고, '무게'를 가지고 있는 '동물'을 만든다는 생각으로 작업이 진행되었다.

수많은 형태의 돌연변이 생물이 장희철 씨의 손끝에서 태어났다. 한강에 살 법한 모든 동물들이 서로 결합한 생명체들. 어류, 쥐, 새우, 곤충 등이 서로 합체와 분리를 거듭했다. 사람처럼 생기고 사람 사이즈만한 괴물도 있었다. 괴물의 몸 안에 또 다른 기생 생물이 살고 있으면서 괴물의 피를 빨아 먹고 산다는 설정도 등장했다. (이 설정은 완전히 사라지지 않았고, 완성된 괴물의 형태에 영향을 미쳤다.)

2004년 7월에 지금의 형태와 비슷한 괴물이 완성되었지만, 그 이후로도 시행착오는 반복되었다. 이것이 정답이라고 누구도 확신할 수 없었기 때문에 작업이 길어지면서 위기도 닥쳤다. 어느 방향이 올바른지에 대해 근본적인 혼란이 오기 시작했다. 한동안 장희철 씨는 괴물의 디자인이 필요 없는 것 아니냐, 이미 존재하는 생명체를 사이즈만 크게 키워서 움직이게 하는 것만으로도 충분히 비현실적이면서도 공포스럽지 않느냐는 생각에 빠지기도 했다. 또 한동안은 슬럼프에 빠져, 그동안 진행되던 것과는 전혀 다른 형태의 괴물에 집착, 곤충에 가까운 모습의 괴물만 디자인하기도 했다(장희철 씨 본인은 그 시기를 '미쳐 있었다'라고 표현한다).

봉준호 감독과 장희철 씨가 비교적 마지막까지 합의를 이루지 못한 부분 가운데 하나는 괴물의 움직임에 관한 것이었다. 봉준호 감독은 괴물이 한강 둔치에서 사람들을 몰아대면서 '쿵, 쿵, 쿵' 하며 육중하게 움직이는 느낌을 원했다. 하지만 디자이너

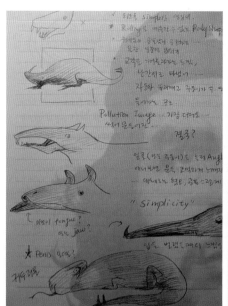
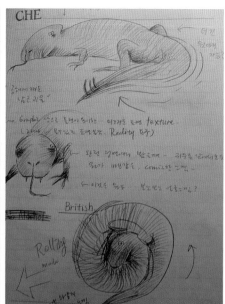
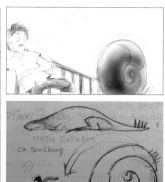

봉준호 감독이 노트에 그려놓은 괴물의 이미지들. 괴물이 몸을 돌돌 말아 사람을 덮치는 등 재치 있고 기발한 모습들이 많이 담겨 있다.

가 선호한 느낌은 그것보다는 '사사삭' 하며 민첩하고 은밀하게 움직이는 쪽이었다. 어디서 나타날지 예측할 수 없는 움직임이 더 공포스럽다고 생각했기 때문이다. 하지만 결국 감독의 의도를 디자이너가 받아들이면서 괴물의 디자인은 급물살을 타기 시작했다. 뒷다리의 형태, 꼬리의 길이가 결정되었다.

감독이 처음 괴물을 구상할 때에는 사람을 삼킨 후 저장할 수 있는 공간이 있는 펠리컨 부리 모양의 입이 달려 있었다. 하지만 그런 형태는 괴물의 움직임에 많은 제한을 주고 또 형태상으로도 둔탁해 보였기 때문에 지금과 같은 입 모양으로 개선되었다. 괴물 디자인의 핵심은 역시 입이다. 다섯 조각으로 나뉘면서 벌어지는 반투명한 입은 외신에서 '연꽃과도 같은 입'이라는 평가를 받았다. 사람을 삼키고 닥치는 대로 무엇인가를 먹어대면서 몸을 불리는 것이 괴물의 운명이었고, 나중에 그 입에서 아이들이 '태어나야' 했다. 입은 곧 괴물의 이런 속성과 운명을 반영해야 했다. 하지만 감독은 동시에 괴물이 너무 무섭게 보이지 않기를 바랐다. 이빨과 입안, 입 주변의 조직이 어류처럼 반투명하게 설정된 것은 그런 의도를 반영한 결과였다. 중간 단계에서 괴물의 별명이 '스티브 부세미'인 적이 있었을 정도다. 우스꽝스러우면서도 슬픈 듯한, 왠지 친근감이 느껴지는 모습을 바랐던 감독의 의도가 반영된 디자인이었다.

괴물의 형태가 어느 정도 안정되면서 장희철 씨는 매킷(maquette)이라는 크기 30~40cm 정도의 3차원 모델로 괴물을 만들었다. 평면작업만으로는 괴물이 카메라에 어떻게 잡힐지를 알 수 없었기 때문이다. 입체와 평면을 오가면서 디자인이 완성되었다. CG업체에서도 장희철 씨의 디자인에 만족을 표했다. 이제 본격적으로 그 디자인을 이용해 화면에서 움직이는 괴물을 만들어낼 차례였다. 장희철 씨는 직접 뉴질랜드 워크숍에서 한 달 반을 머물면서 '스캐너블 매킷'을 제작했다. 스캔된 데이터가 영화에 표현되는 형태와 디테일을 결정하게 되므로, 괴물의 피부와 비늘까지 세밀히 만들어야 하는 까다롭고 복잡한 작업이었다. 그 기간 내내 '오전 15분, 점심시간 30분, 오후 15분'만 쉴 수 있었다. 동물학을 전공한 웨타 워크숍의 아트 디렉터 벤 우튼이 괴물에 사실감을 부여하는 일을 도왔다.

완성된 스캐너블 매킷은 미국 LA의 젠틀 자이언트로 넘어가 스캔되어 3D값으로 전환되었다. 그리고 이 수치가 오퍼니지로 넘어가면서 본격적인 CG작업이 시작되었다.

장희철 씨는 괴물의 입장에서 괴물의 삶을 이렇게 표현했다. "한강에서 부모도 친구도 없는 상황에서 5년을 살았다. 다른 생물들은 유전자의 명령이나 부모에게서의 학습을 통해 살아남는 방법을 익히지만, 괴물에게는 그런 경험이 전혀 없다. 유전자의 명령은 매우 혼란스럽고 모든 것이 뒤섞여 있다. 몸집만 클 뿐, 한강이라는 거칠고 험한 환경에서 살아남기 위해 힘들게 살아온 녀석이다. 언제나 외롭고 슬픈 마음이었을 것이다."

2004년 4월 14일 장희철 씨가 봉준호 감독에게 보낸 메일

안녕하세요, 장희철입니다.

이번에 보내드린 작업물은 지난번 감독님과의 미팅 때 논의하였던, 보다 사실적이고, 존재하는 동물에 가까운 느낌을 주고자 했던 콘셉트하에 진행되었던 중간 결과입니다.

기본적으로는 일전에 가장 유력시 되었던 a-1에서 출발하였구요, 교각에 매달려 있던 괴수의 셰이프로 변형이 될 수 있게 하는 조건을 만족시키고자 하였습니다. 전체적으로, 수중에서 살았던, 어느 물고기 형태를 느낄 수 있게 해보았습니다. 지느러미의 변형과, 적당한 배치로 그 느낌을 보다 강하게 부각하고자 하였고, 전반적으로 심플한 유선형으로 보이게 하되, a-1에서 장점으로 생각했던, 강한 근육질의 셰이프를 느끼게 하였습니다. 먹이를 담는 주머니는 이번에도 턱 아래에 위치하고 있구요. 입이 벌어지는 모습. 혹은 조금 더 정리가 된 각 부분의 디자인이나, 표면 질감 등을 연구해볼 생각입니다.

2003년 12월에서 2004년 1월 디자인 시안

1차 디자인 시안 중 감독이 마음에 들어 했던 바로 그 a-1 디자인이다. 사람처럼 두 발로 걸을 수 있는 형태다.

1차 시안 때에는 여러 가지 색다른 모습의 괴물 디자인을 내놓았다. 이 시기는 최대한 다양한 콘셉트의 괴물을 그려야 했다. 동양, 서양, 환타지 등 장르의 구분이 없던 시기이기도 하다. 가장 자유롭게 디자인했던 시기.

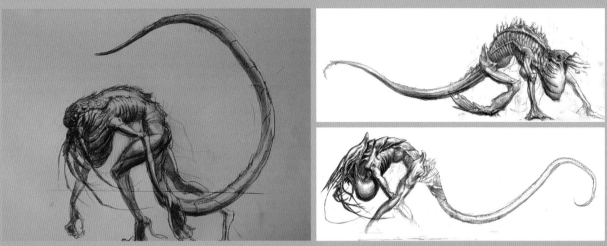

사람의 형태를 많이 닮은 2차 시안. 사이즈도 크지 않게 하고 살인자라는 느낌으로 디자인한 것이다. 그러나 이 디자인들은 감독이 생각한 형태를 기본적으로 바꾸는 것들이어서 선택되지 않았다.

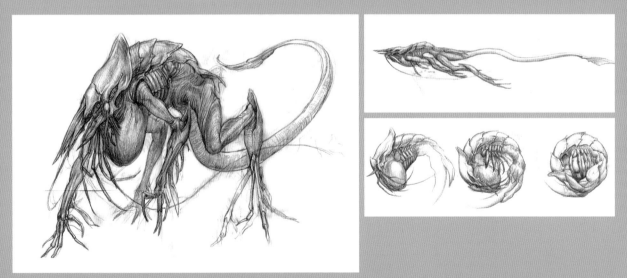

3차 시안. 괴물의 표피가 뾰족하고 딱딱한 느낌이다. 최종적으로 괴물은 말랑말랑하고 미끈거리는 표피를 갖게 되었는데, 그 이유에 대해 장희철 씨는 "딱딱한 껍질을 가지고 사는 종들은 오랜 시간 동안 환경에 대한 정보를 가지고 진화해온 것이다. 그러나 괴물은 오랜 시간 동안 딱딱한 형태로 진화가 될 만큼 살아온 것은 아니기 때문에 말랑거리고 미끈거리는 느낌으로 가자고 했다."고 설명했다.

2004년 2월 디자인 시안

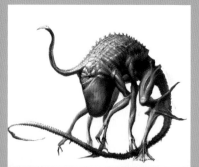

장희철 씨가 직접 한강 헌팅(원효대교 북단 하수구)을 다녀온 뒤 우수구를 배경으로 그린 것이다. 봉 감독은 이 그림을 선택했다. 괴물의 모습이 공룡 같은 느낌이 든다.

그림 속의 남자는 디자이너 자신의 모습을 합성한 것. 낚시꾼 복장이 없어 힘들었다고.

2004년 3월 디자인 시안

한강을 배경으로 괴물과 배경을 합성한 그림. 괴물이 교각에 꼬리를 감고 매달려 있는 모습은 초기부터 감독이 원한 이미지. 영화에도 이 장면이 등장한다.

2004년 3월 디자인 시안

이 무렵부터 동물에 가까운 리얼함을 찾기 시작했다. 5차부터는 개구리 느낌이 나기 시작한다. 기본 구조가 결정되고, 펠리칸 형태의 입이 없어지면서 작업이 편해졌다. 입에 저장 주머니를 없앤 이유는 괴물이 걷거나 뛸 때 바닥에 주머니가 끌리기 때문이다.

2004년 4월 디자인 시안

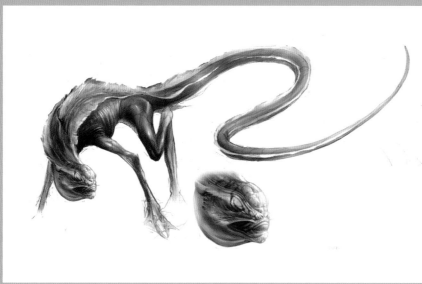

장희철 씨의 '외도'. 기존과 다른 스타일로 발전하기 시작한다. 장희철 씨는 계속 이런 느낌의 날렵한 분위기를 원했지만 감독은 황소가 달리는 것 같은 둔한 느낌을 원했다.

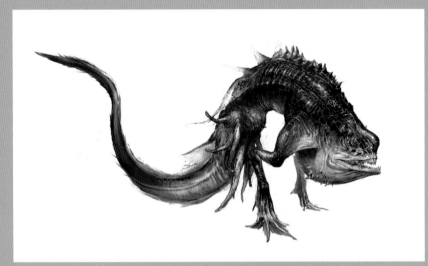

내장기관이 밖에 나와 있고, 다리가 두 개인 디자인. 지금의 괴물보다 무섭게 생겼다. 이 디자인이 나오면서 감독이 마음을 정했다. 이 디자인이 지금 모양과 비슷하다. 장희철 씨도 이 디자인이 나왔을 때가 가장 좋았다고. '이대로 했어도 좋았을 뻔' 했지만 이 디자인은 문제가 많았다. 꼬리나 장기 돌출 부분이 땅에 끌리지 않고서 두 다리로만 뛰어간다면 과연 현재 위치가 물리적 체중 균형이 맞을 수 있는 지점인지, 다리가 앞뒤로 움직일 때 가만히 직진하며 다리만 왔다갔다하면 어색하지는 않은지 등이 고려되었다. 이 구조대로면 비현실적인 애니메이션이 나오게 되기 때문에 수정을 더 하기로 결정하였다. 이 이후부터 장희철 씨는 고난의 길을 걷게 된다. 오른쪽 그림은 다리를 네 개로 변형시켜 본 디자인.

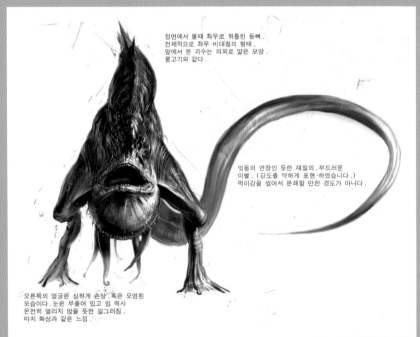

정면에서 볼때 좌우로 뒤틀린 등뼈.
전체적으로 좌우 비대칭의 형태.
앞에서 본 괴수는 의외로 얇은 모양.
물고기와 같다.

잇몸의 연장인 듯한 재질의.부드러운
이빨. (강도를 약하게 표현·하였습니다.)
먹이감을 씹어서 분쇄할 만한 경도가 아니다.

오른쪽의 얼굴은 심하게 손상.혹은 오염된
모습이다.눈은 부풀어 있고 입 역시
온전히 열리지 않을 듯한 일그러짐.
마치 화상과 같은 느낌.

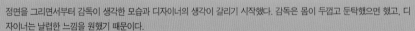

정면을 그리면서부터 감독이 생각한 모습과 디자이너의 생각이 갈리기 시작했다. 감독은 몸이 두껍고 둔탁했으면 했고, 디자이너는 날렵한 느낌을 원했기 때문이다.

봉감독의 아이디어가 반영된 디자인. 괴수가 거꾸로 서서 돌출된 장기를 펴서 사람들을 위협하는 모습이다(위). 전갈의 공격 자세가 모티브가 되었다. 괴물이 몸을 말고 있는 모습(아래).

장희철 씨가 로케이션 헌팅을 다녀온 뒤 찍어온 사진으로 만든 것이다. 이 사진은 괴물을 궁금해 하는 기자들에게 공개된 사진이다. 이 장면 역시 최종 영화에 반영되었다.

리드미컬하게 작업이 진행될 무렵. 이때부터 매킷을 만들어보기 시작했다. 매킷처럼 장 희철 씨는 괴물의 모습을 가급적 날렵하게 그리고 작게 하고 싶었다고.

2004년 8월 디자인 시안

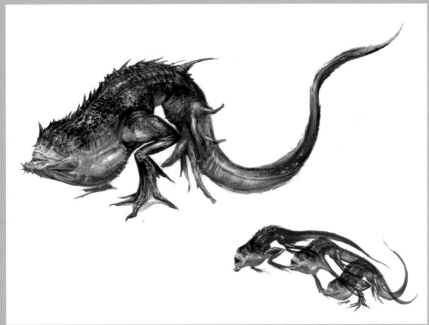

기본 형태로 많은 실험을 할 때다. 감독이 생각하는 두껍고 둔탁한 느낌을 주려고 노력했다. 갑각류의 느낌은 거의 없어졌다. 디자인뿐 아니라 움직임에 대해서도 감독과 함께 고민을 시작하게 된다.

초기의 괴물 콘셉트에는 스스로 자위를 하는 괴물의 모습도 있었다.

2004년 11월 디자인 시안

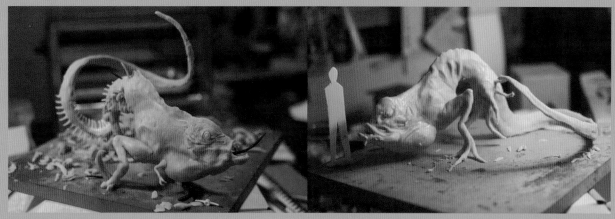

디자이너의 반항. 다시 괴물의 모양이 히스테릭하고 몸통이 앞은 쪽으로 바뀌었다. 괴물의 모습이 교활하고 야비한 느낌이다. 이 모형을 본 감독은 '스티브 부세미 같다'고 말했다. 감독은 괴물의 성격을 보다 구체적으로 요구하기 시작했다. 외형 못지않게 괴물 캐릭터의 중요성이 강조되기 시작했다. 2004년 9월에서 11월은 디자이너가 가장 힘들어하고 방황하던 시기로 시행착오를 거듭한다.

2004년 12월 디자인 시안

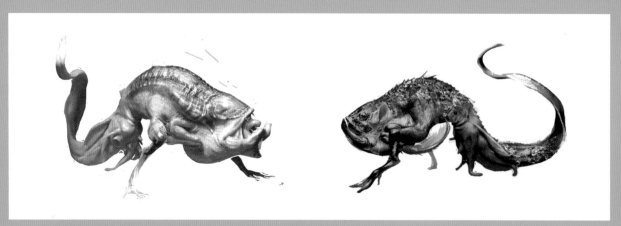

그동안 다양한 실험과 시행착오를 종합하고 정리해가는 단계. 복잡한 부분이 구체화되었지만 전체적으로 디자인이 과격해졌다. 뼈나 창자가 보이고 생선처럼 보인다. 왼쪽 그림은 괴물의 피부 밑을 기어가는 기생충을 표현한 것이다. 오른쪽 그림의 괴물은 몸을 보호하기 위한 장치처럼 폐기물을 등에 붙이고 있다. 한강과의 연관을 의도한 것으로, 실제 한강 바닥에 퇴적될만한 80년대부터 현재까지의 다양한 생활폐기물을 소스로 활용했다.

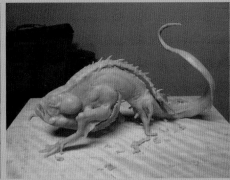

갈라진 입은 이때 결정되었다. 등뼈와 아가미가 노출되어 있고, 조그만 팔이 있다.

장희철씨가 마음에 들어했던 매킷. 웨타 워크숍에 프리젠테이션하기 전의 디자인들이다. 입 모양이 완전히 달라졌다. 봉 감독이 기형적인 느낌을 좋아했다. 입을 얇게 했는데 봉준호 감독이 아니라고 했다고 한다. 매킷의 이빨은 고양이들의 발톱을 깎아서 썼다고. 눈은 마치 시장 좌판에 널린 생선 눈처럼 항상 동그랗고 공허한 느낌으로 디자인했다.

2005년 1월 디자인 시안

웨타 워크숍에 프리젠테이션을 가기 직전의 디자인으로, 앞발과 주머니 같은 펠리칸 입이 다시 부활했다. 거대한 목발 같은 기형발도 생겼다. 이것은 기형과 장애를 상징, 괴물이 목발을 짚고 걷는 듯한 동작을 위한 것이다.

2005년 1월 디자인 시안

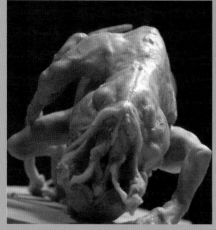

웨타 워크숍을 다녀온 후의 디자인. 현지와 비행기 안에서 만든 것이라 많이 파손되었다. 입이 두 개인 것이 특기할 만하다. 현재 입 모양은 여기서 발전을 했다. 몸이 많이 두꺼워졌다.

2005년 2월 디자인 시안

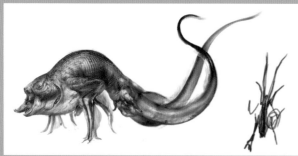

지금의 바디라인이 나오기 시작했다. "디자인이 약간 단순하니 괴물의 꼬리가 두 개면 어떨까요? 괴물의 꼬리가 이렇게 퍼지면 어떨까요?"라고 하며 만든 디자인이다. 현재의 괴물 모습과 흡사하게 나오기 시작했다.

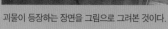

괴물이 등장하는 장면을 그림으로 그려본 것이다.

2005년 4월 디자인 시안

현재의 입 모양과 비슷한 디자인. 이때는 입이 갈라진다기보다 입 두 개가 붙어 있는 듯한 형태. 몸통이 많이 두꺼워지고, 윗부분은 현재의 괴물 모습과 비슷해졌다. 기형적인 다리도 달려 있다.

2005년 5월 디자인 시안

다시 디자인이 과격해지고 징그러운 느낌이 강조된 충격적 디자인. 기본 체형조차 완전히 바뀌었다. 하지만 바로 감독에게 외면당했다고.

2005년 5월 디자인 시안

20차 디자인 시안.

2005년 6월 디자인 시안

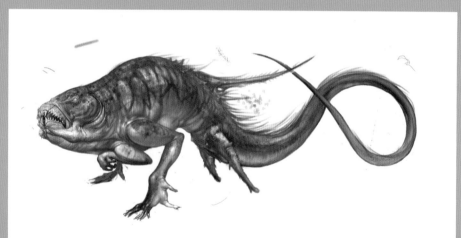

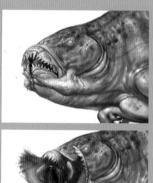

스캐너블 매킷을 만들기 위해 웨타 워크숍으로 떠나기 직전의 디자인이다. 거의 최종 형태가 결정된 상태.

입을 벌리면 그 안에 겹겹으로 된 입이 튀어나오는 디자인.

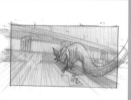

괴물이 움직이는 모습, 먹이를 심키고 사람을 죽이는 모습 등을 그린 스케치. 아이를 꺼내는 장면 등은 웨타 워크숍에 가기 전날에 그린 것들이다.

19차 디자인을 바탕으로 만든 매킷(위). 다른 동물의 몸에 붙어 사는 기생동물처럼 괴물에게도 기생동물을 붙인 꼬리 디자인(아래).

괴물 프로필

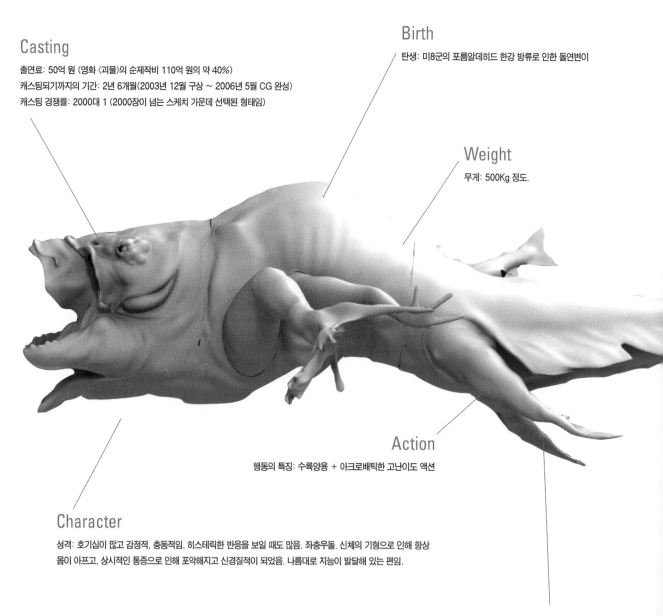

Casting

출연료: 50억 원 (영화 〈괴물〉의 순제작비 110억 원의 약 40%)
캐스팅되기까지의 기간: 2년 6개월(2003년 12월 구상 ~ 2006년 5월 CG 완성)
캐스팅 경쟁률: 2000대 1 (2000장이 넘는 스케치 가운데 선택된 형태임)

Birth

탄생: 미8군의 포름알데히드 한강 방류로 인한 돌연변이

Weight

무게: 500Kg 정도.

Action

행동의 특징: 수륙양용 + 아크로배틱한 고난이도 액션

Character

성격: 호기심이 많고 감정적, 충동적임. 히스테릭한 반응을 보일 때도 많음. 좌충우돌. 신체의 기형으로 인해 항상
몸이 아프고, 상시적인 통증으로 인해 포악해지고 신경질적이 되었음. 나름대로 지능이 발달해 있는 편임.

Weakness

약점: 외로움. 탄생 이후 보호해줄 부모 개체가 없었고, 유전적인 정보가 없어 행동과 본능을 어떻게 발달시
켜야 할지에 대해 인지되거나 학습되지 않았음. 흐릿하고 충동적인, 그럼에도 불구하고 살아남아야 한다는
원칙 하나로 살아왔으나 동류 집단이 없는 사고무친의 상황.

Eating

식성: 돌연변이로 태어난 이후 만성적으로 엄청난 허기에 시달림. 한강에 서식하는 각종 생물들을 먹고 성장한 이후 닥치는 대로 먹고 삼키며 살아왔음. 사람을 집어 삼켰다가 뱉어놓기도 하고, 어떨 때는 입안에 넣은 채 몸속에서 소화를 시킨 후에 뼈만 뱉기도 함. 그런 식습관에 특별한 이유는 없음.

Appearance

외모의 특징: 다섯 조각으로 나뉘어 겹겹이 벌어지는 커다란 입. 사람을 감아서 납치할 수 있을 정도의 강력하고 긴 꼬리. 땅 위를 빠른 속도로 질주하는 두 개의 근육질 다리. 거의 360도로 원을 그리며 빙 돌아서 나 있는 이빨. 물속을 자유롭게 오갈 수 있는 미끈미끈한 몸 표면.

Age

나이: 6세. 사람으로 환산하면 십대 사춘기 정도의 나이.

Size

크기: 한때 '고질라' 만한 크기라는 소문이 장안에 파다했다. 63빌딩을 넘어뜨리고 한강 다리를 부수는 크기라는 풍문 역시 흉흉하게 나돌았다. 실제 몸뚱이 크기는 사람의 서너 배 크기. 기나긴 꼬리를 합하면 그보다 더 크다.

Birth

언론의 반응: "돌연변이 올챙이"《버라이어티》
"연꽃 모양의 입"《뉴욕 타임스》

숫자로 본 괴물

한강 헌팅 기간: 2년
괴물 제작비: 50억 원
괴물 등장 신 컷당 비용: 천오백에서 3천만 원
괴물 제작 외 프로덕션 비용: 40억 원
괴물 시각화작업 참여 스태프: 72명
괴물 스케치 기간: 2년 6개월

괴물 스케치: 2천여 장
촬영 기간: 2005년 6월 30일 ~ 12월 29일
촬영 회차: 114회
필름 소요량: 22만 피트
1일 현장 최대 스태프 인원: 168명
엔딩 크레딧 기준 제작 인원: 550명

Visual Effects
비주얼 이펙트

괴물, 유쾌한 회사 오퍼니지를 만나다

봉준호 감독은 〈괴물〉의 아이디어 단계에서부터 시각효과는 뉴질랜드의 웨타에 맡길 생각을 하고 있었다고 한다. 봉 감독과 친한 사이인 임필성 감독이 〈남극일기〉를 위해 웨타를 직접 방문한 적이 있었고, 그를 통해 웨타의 역량을 충분히 들어서 관심을 가지고 있었다. 그래서 2003년 임필성 감독의 웨타 방문 때 동행해서 리처드 테일러와 함께 〈괴물〉 프로젝트를 상의하게 되었는데, 예산 규모와 작업 내용을 들은 웨타 측은 우리의 제안을 긍정적이고 호의적으로 받아들였다. 당시 웨타는 아직 국제적으로 유명해지기 전이었고, 이야기는 상당히 구체적으로 진행되었다.

그러던 중 웨타가 작업한 〈반지의 제왕〉 시리즈가 연속으로 아카데미 상을 수상하고 웨타의 주가는 하늘을 찌를 듯 솟았다. 웨타와의 이야기가 잘 진행되고 있었지만 이것이 유일한 대안인가를 항상 고민하던 〈괴물〉팀은 한편으로 다른 시각효과 회사들과도 계속 접촉을 하고 있었다. ILM 출신의 디자이너들이 인디 정신으로 만든 회사 오퍼니지(Orphanage)도 그 과정에서 알게 된 회사. 자신은 ILM의 고아들이라는 뜻에서 만든 회사 이름만큼이나 열린 분위기를 자랑하는 회사였고, 다양한

오퍼니지 스태프들이 만든 재미있는 단체 사진.

문화와 국적의 스태프들이 함께 일하고 있었다. 그러던 중 웨타가 〈킹콩〉의 후속편(Son of Kong)작업을 맡게 되었다. 웨타 측에서는 예산과 작업량에서 어마어마한 이 영화를 하면서 동시에 〈괴물〉을 병행할 수 없다는 입장을 보였다. 〈킹콩〉의 후속편에 투입되지 않는 팀을 활용한다는 대안도 있었으나 불가능한 것으로 결론이 났고 결국 〈괴물〉은 오퍼니지로 넘어갔다.

그 과정에서 국제적으로 유명한 시각효과 회사들과도 접촉을 했으나 그들은 한국에 대해 잘 알지 못했다. 한국이 자국 영화를 만들어내고 더구나 시각효과가 들어간 영화를 생산한다는 사실 자체를 잘 받아들이지 못하는 곳도 있었다. 마침 오퍼니지에는 한국인 박재욱 씨가 중요한 스태프로 일하고 있었고, 오퍼니지 쪽에 봉준호 감독과 한국영화의 현황에 대해 제대로 설명을 해줄 수 있었다. 오퍼니지는 시각효과 부문에서 실력은 있지만 규모는 작은 기업이다. 그래서 작업의 단가가 상대적으로 높지 않아, 〈괴물〉팀이 접근 불가능한 수준은 아니었다. 디자이너와 애니메이터들은 대부분 〈스타워즈〉를 비롯한 시각효과의 대작에서 작업한 경력이 있었다. 하지만 회사 전체로 봐서는 배경이나 서브 캐릭터의 작업을 해왔지 아직 '크리처'가 주가 되는 영화작업을 한 적은 없었다. 오퍼니지의 입장에서도 〈괴물〉은 회사가 한 단계 성장하는 좋은 기회가 될 수 있었다. 더구나 이 영화의 주인공인 괴물은 두 발로 뛰고 헤엄치고 교각에 매달려 아크로배틱한 동작을 선보이는가 하면 사람을 삼켰다 뱉는 등의 온갖 행동을 한다. 오퍼니지의 포트폴리오로 내세우기에 전혀 모자람이 없었다. 오퍼니지와의 작업은 순조로웠다. 대부분의 스태프들이 봉준호 감독의 전작 〈살인의 추억〉을 일부러 구해 보았고, 봉 감독을 만나면 거기에 대해 언급하거나 사인을 요구하기도 했다. 열린 분위기로 일하는 스태프들은 영화 〈괴물〉이 지닌 유머와 복합성을 좋아해서, 작업하는 내내 〈괴물〉 티셔츠를 만들어 입는 등 이런저런 이벤트를 만들어내면서 즐거워했다고 한다.

괴물이 한강으로 뛰어나오기까지

괴물의 모습을 결정하는 과정에서 크리처 디자이너 장희철 씨는 스케치와 함께 3차원 모형인 매킷을 만들면서 작업했다. 형태가 결정된 이후 웨타 워크숍으로 직접 건너가서 3D 스캔을 위한 매킷을 만들었다. 스캔업체를 거쳐 3D 값의 형태로 오퍼니지로 넘어간 이후 모델링, 리깅(Rigging), 텍스처 매핑 등의 작업을 거쳤다. 모델링은 3D값을 실제로 CG작업할 수 있는 사이즈와 포맷으로 변환하는 작업이다. 리깅은 괴물의 뼈대를 만드는 일, 텍스처 매핑은 괴물의 외부, 즉 피부를 현실적으로 보이도록 구현하는 작업을 말한다. 괴물이 꼬리로 하는 일이 많다 보니 꼬리를 구현하는 데에 노력이 많이 들어갔다. 오퍼니지에서는 꼬리에 세 가지의 릭을 넣었다고 한다. 하나는 꼬리를 이용한 움직임을 위해서, 또 하나는 먹이를 움켜쥐는 움직임을 위해서, 마지막 하나는 걷거나 달릴 때 균형을 잡아주기 위해서였다.

동영상 콘티인 애니메틱스를 국내 시각효과 업체를 통해 실제 촬영 전에 만들어서 활용한 결과, 현장에서의 시간과 비용 및 노력을 아낄 수 있었던 것은 〈괴물〉의 사

디자이너 장희철 씨가 뉴질랜드 웨타 워크숍에서 만든 머리 부분 매킷. 입이 닫힌 모습이다. 장희철 씨는 처음에 매킷을 직접 만들라는 말에 무척이나 놀랐다고.

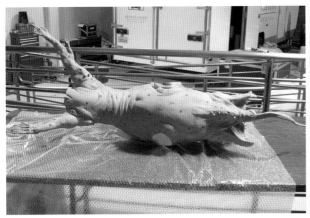

장희철 씨가 만든 매킷은 3D 스캔을 거쳐 오퍼니지로 넘어갔다. 위 사진들은 스캔 중인 매킷들.

전 준비가 거둔 성과 중 하나였다.

촬영 현장에는 비주얼 이펙트 슈퍼바이저인 케빈 래퍼티와 오퍼니지의 스태프들이 몇 달 동안 상주하면서 한국의 스태프들과 함께 일했다. CG작업을 하기 위해서는 현장에서 여러 가지 측정값과 카메라 정보, 라이팅 정보를 얻어야 했다. 태양 아래에서의 장면이나 비가 오거나 안개가 낄 때, 밤 장면 등의 다양한 날씨 조건과 괴물이 위치하는 공간적인 환경들을 CG상의 괴물과 매치시키는 작업이 진행되어야 했다. 한강의 수위 변화를 고려해서 룩 디벨롭먼트(Look Development)팀은 워터 시스템이라는 것을 만들었다. CG로 물과 물의 파형을 만들고 그 물을 실사로 촬영한 물과 매치시키기 위해서였다.

오퍼니지에서 〈괴물〉에 참여한 스태프들은 총 72명. 실사 카메라에 맞춰 CG의 동선을 만들어주는 역할, 실사 플레이트에서 가상 세계를 고정시켜주는 역할을 하는 '카메라 매치 무브'를 담당한 사람, 괴물의 뒤에 다른 물체나 인물이 있을 때 아웃라인을 따서 분리시켜주는 로토스코프 담당 등은 그 수많은 스태프들 중의 일부였다.

한국에서 촬영한 화면에다 오퍼니지에서 CG를 만들면 FTP를 통해 서버에 올리고, 그것을 한국의 DI(Digital Intermidiate)업체에서 받았다. 봉준호 감독은 대형 화면으로 그 CG영상을 보면서 수정해야 할 부분을 일일이 지적했다. 매일매일 1시간 분량 이상의 수정을 했는데, 이 과정은 흡사 일기예보 방송과도 외양이 비슷해서 '일기에

봉준호 감독이 오퍼니지에서 보내온 CG 영상을 보며 하나하나 세심하게 수정 요청을 하는 모습. 대형 스크린 앞에서 여기저기 짚어가며 말하는 모습 때문에 '일기예보'로 불렸다고. 봉 감독이 수정 요청한 동영상은 아침에 출근한 오퍼니지 직원들이 모여 앉아 보며 회의를 했다고 한다.

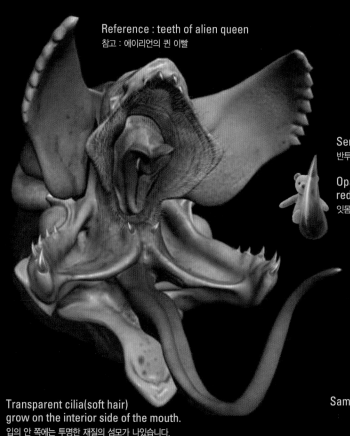

Reference : teeth of alien queen
참고 : 에이리언의 퀸 이빨

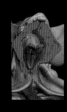

The part with cilia
털이 나는 부분

Semi-transparent teeth.
반투명한 재질의 이빨을 사용했으면 합니다.

Opacity gets intense and the color gets more saturated in red as it goes closer to the gum.
잇몸 쪽으로 가면서 색이 진해지고(붉어지고) 불투명해지게 페인팅을 해주세요.

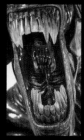

Transparent cilia(soft hair) grow on the interior side of the mouth.
입의 안 쪽에는 투명한 재질의 섬모가 나왔습니다.

Same texture and color with claws.
발톱도 이빨과 같은 재질로 제작

애니메트로닉스를 만들기 위해 장희철 씨가 존 콕스로 보낸 괴물 머리 모양의 설명 및 주문 사항들.

보' 라는 별칭으로 불렸다. 이 과정을 동영상으로 촬영해 다시 FTP에 올리면 미국에서는 출근 시간이었다. 출근한 오퍼니지의 스태프들이 모여 앉아 그 화면을 보면서 수정해야 할 부분을 전달받았다.

구름의 분포나 물결의 모양새를 파악하기 위해 사용된 '크롬볼' 촬영도 현장에서 빼놓을 수 없었다. 크롬볼 촬영을 통해 당시의 구름 상태 등을 컴퓨터로 분석하고, 그 결과를 괴물의 CG에 입히면 괴물이 촬영 현장의 배경과 자연스럽게 매치될 수 있는 것이다.

프랙티컬 이펙트(Practical Effects)는 한국의 특수효과 업체인 퓨처비전이 맡았다. 프랙티컬 이펙트는 괴물이 일으키는 효과를 구현하는 것이 목표. 물에 들어가면서 튀

주변의 모습을 360도로 찍어놓을 수 있는 크롬볼. 촬영 당시의 날씨, 주위 환경, 햇빛이나 조명의 강도 등의 정보를 알 수 있다.

기는 물방울과 일으키는 물보라 등을 최대한으로 재현하기 위해 여러 가지 테스트를 거쳤다. 괴물이 땅으로 뛰어다닐 때 일어나는 먼지, 흩어지는 풀 또는 괴물이 밟은 풀 등의 효과 같은 장면 모두 CG작업의 특수효과를 거쳤다. 괴물이 등장하지 않는 장면의 CG는 한국의 EON이 담당해서 화면효과를 책임졌다. 괴물과 연기자가 물리적으로 접촉하는 장면에서는 CG만으로는 이질감이 느껴질 것이라고 판단, 애니메트로닉스를 제작했다. 호주의 존 콕스팀이 괴물의 애니메트로닉스를 제작했고 그것을 촬영 현장으로 들고 와 직접 움직이는 역할까지 담당했다.

괴물머리 표피와 눈 색감테스트 사진

비주얼 이펙트
슈퍼바이저 케빈 래퍼티가
뽑은 난이도 최고의 장면

사람들 생각엔 괴물이 불타는 장면이 가장 어려웠을 거라고 보는 것 같다.
실제로 그 장면도 어려웠지만, 그래도 그 장면에는 배우와 괴물의 접촉이 한 번밖에 없다.
정말 어려웠던 장면은, 괴물이 한 사람은 꼬리에 감고, 다른 한 사람은 입 속에 넣은 채
은신처로 오는 장면이다. 꼬리에 감은 사람을 은신처 바닥에 내려놓고 거의 동시에 다른 사람을
토해낸다. 괴물의 움직임에 따라, 카메라는 크레인—돌리—패닝한다.

〈괴물〉의 경우 처음부터 블루 스크린이나 모션 컨트롤을 쓰지 않기로 했다. 감독과 촬영감독이 마음대로 카메라 위치를 정하고 무빙을 할 수 있도록 하기 위해서다. 카메라를 자유롭게 움직일 수 있어서 결과적으로 영화의 리얼리티가 높아졌다.

문제의 장면을 촬영할 때는 배우들이 와이어를 부착했다. 한 사람은 와이어로 공중에 매달렸다가 내려지고(꼬리), 다른 한 사람은 끈끈한 점액(괴물의 침)이 든 통(괴물의 안쪽 입)에 들어가 매달렸다가, 통 아래쪽의 신축성 있는 구멍으로 꺼내졌다.

촬영을 하다 보니, 통 위쪽이 열려 있어서 세트의 조명이 배우에게 떨어지는 것을 발견했다. 하지만 영화상에서는 사람이 괴물의 입을 통해 나오는 장면이라서 배우에게 조명이 떨어지면 안되는 상황. 케이블과 와이어가 너무 많고 카메라 앵글도 그래서, 배우에게 닿는 조명을 천으로 가려줄 수는 없었다. 결국 검은 천을 직경 1.5m의 원형으로 자르고 가운데로 와이어가 움직일 수 있는 둥근 구멍을 만들었다. 거꾸로 매달린 배우의 발과 괴물의 입(통) 위에 이 천을 덮고 와이어를 가운데 둥근 구멍으로 빼냈다. 현장에서 조명 문제를 해결한 경우였다.

이 장면을 오퍼니지에서 시각효과로 처리하는 과정도 어려웠다. 우선 소스 화면을 제대로 만드는 데 적지 않은 노

력이 들었다. 통을 매단 와이어와 케이블뿐 아니라 워낙 매달려 있는 와이어가 많았고, 모션 컨트롤을 사용하지 않았기 때문에 움직임만 정확하게 들어간 소스 화면이 없었다. 그래서 우리는 '휴먼 모션 컨트롤'이라고 부르게 된 방법을 쓰게 되었다. 일단 움직임이 있는 장면을 찍어서 선택한 후에 카메라팀들이 그 장면을 최선을 다해 재현하는 것이다. 그 화면을 이용해서 다시 와이어를 지우고 CG를 그려넣었다. 두 배우에 대한 디지털 더블은 없었지만 비슷한 사이즈의 디지털 대체물은 필요했다. 아티스트가 괴물을 그려넣기 전에, 대체물을 이용해 배우의 액션을 생생하게 애니메이션과 매치할 필요가 있었기 때문이다. 이 과정을 'match-a-mation'이라고 불렀다.

다음의 과제는, 이제 배우들의 매치된 애니메이션이 가지는 한계에 따라 괴물 크리처의 연기를 만들어내는 것이었다. 하지만 괴물의 행동은 강력하면서도 실감이 나야 했다. 꼬리로 배우를 두 번 감고 있었기 때문에 괴물과 배우가 매치되면서도 사실감이 나도록 하기 위해 이터레이션 (Iteration)을 계속해야 했다. 괴물의 안쪽 입술이 먹이를

타이트하게 물고 있다가 토해낼 때는 살짝 머리를 들어줘야 했다. 괴물의 움직임을 사실적으로 표현하기 위해 애니메이터가 정말 고생을 많이 했다.

괴물이 그려지고 첫 번째 합성 화면이 나오자 다른 문제를 발견했다. 꼬리는 유연하게 움직이며 먹이를 놓아주었고, 모션에 매치되었다. 하지만 꼬리가 사람을 죄고 있을 때 인물의 옷이 구겨지고 뭉쳐지는 느낌이 나지 않았다. 그래서 우리 스태프가 그 부분의 화면을 작게 분할해서 옷의 구겨짐을 모핑해서 그 느낌을 만들어냈다. 힘든 장면이었지만 그 정도의 노력을 기울일 가치가 있었다고 생각한다.

시각효과와 CG업체 섭외과정

2004년 2월 〈괴물〉의 시나리오는 아직 나오지 않았지만 시각효과와 컴퓨터 그래픽 업체를 알아보기 위한 프로듀서와 제작팀의 업무는 바쁘게 돌아가고 있었다. 국내 업체의 작업 역량과 예산 등을 다각도로 알아본 결과 〈괴물〉의 CG를 국내에서 해결 하기에는 아직 위험 부담이 너무 크다는 결론이 나왔고 해외업체 리서치 및 접촉이 시작되었다. 임필성 감독의 〈남극일기〉를 통해 봉준호 감독이 이미 그 존재를 알고 있던 웨타 디지털의 담당자와 뉴질랜드에서 직접 대면하게 된 것은 그 해 9월경. 어 느 정도 구체화된 괴물의 디자인과, 수많은 한강 로케이션 사진과 동영상 콘티인 애 니매틱스를 함께 가져가 웨타 디지털에서 프리젠테이션을 했다. 웨타 디지털 쪽에 서는 〈괴물〉에 대해 신기해하면서 흥미를 보였다. 특히 한강의 사진을 보면서는 이 렇게 거대한 강이 도시 한가운데를 흐르고 있다는 사실에 대해 놀라움을 표했다.

괴물의 은신처가 될 원효대교 아래의 사진을 보면서는 〈반지의 제왕〉 시리즈를 작 업한 팀답게, 〈반지의 제왕〉 1편에 나오는 모리아 광산의 느낌과 같다면서 특히 관 심을 보이기도 했다(이후 〈괴물〉의 출연진과 제작 스태프들은 원효대교를 '원효모 리아'로 부르게 되었다). 우호적인 분위기여서 거의 일이 성사되는 것 같았다. 감독 은 이후 시나리오에 집중했고, 11월경 시나리오 초고가 나왔다. 괴물이 등장하는 숏 은 190개. CG 견적을 위해 웨타로 시나리오를 보냈는데 한동안 소식이 없었다. 그러 다 날아온 견적은 700만 달러. 그 돈이면 영화 전체의 제작비와도 맞먹는 규모였다. 봉 감독은 괴물이 나오는 신과 숏을 줄였고 실무팀은 예산을 놓고 웨타 디지털과 협 상에 들어갔다. 하지만 상대쪽에서는 600만 달러 밑으로는 불가능하다는 결정을 내 려버렸다. 다른 CG업체를 수소문하는 한편으로 웨타와의 최종 담판에 들어갔다. 알 고 보니 〈반지의 제왕〉의 대성공으로 명성이 높아진 웨타 디지털 측에선 할리우드 대자본 영화작업이 계속 의뢰가 들어오는 상황이었고 내부 조직의 분위기도 결코 예전과 같지 않았다. 결국 공동작업은 결렬되었다. 〈킹콩〉의 후속편을 만들고 있는 그들의 입장에서 〈괴물〉은 자신들의 회사에 크게 도움이 안 된다고 판단했을 수도 있다. 결국 미국의 할리우드 CG업체를 알아보다가 오퍼니지와 접촉하게 되었는데, ILM 출신의 디자이너들이 독립해서 만든 회사 오퍼니지에서는 처음부터 〈괴물〉에 호의적인 반응을 보였다. 2005년 3월경, 이미 시나리오가 완성되었고 괴물의 디자인도 끝났으며 스토리보드를 비롯한 영화의 비주얼작업이 정리된 상태였다. 〈괴물〉팀에서는 당장이라도 작업에 들어갈 수 있는 완벽한 준비를 마치고 오퍼니지 담당자들 앞에서 프리젠테이션을 할 수 있었다. 협상이 진행되면서 〈괴물〉팀이 제시한 CG 예산은 300만 달러 규모. 예산이 부족하다는 오퍼니지 측의 반응에 봉준호 감독은 숏을 줄이는 것으로 협조했다. 〈괴물〉의 슈퍼바이저로 케빈 래퍼티가 결정되었다. 케빈 래퍼티는 크리처가 등장하는 〈쥬라기공원2〉 〈맨인블랙2〉 〈샤크〉 등을 담당한 슈퍼바이저였다. 그리고 본격적인 예산협상이 시작되었다. 400만 달러 이상을 제시하는 오퍼니지 측의 제의에 봉준호 감독은 양보하면서 상황을 긍정적으로 받아들이는 편을 택했다. 시나리오 단계에서 필요하다고 생각했던 장면들을 줄여야 하는 상황인데도 "숏 수를 줄이는 게 희생이나 스트레스가 아니라, 한정되고 제한된 상황에서 창의성을 발휘해야 하는 도전으로 느껴진다. 긍정적이고 재미있게 작업할 수 있을 것이다."라고 말하는 감독의 태도는 주변 사람들에게 깊은 인상을 주었다고 한다. 그렇다고 무조건 오퍼니지 측의 제안을 받아들일 수는 없는 일. 괴물이 등장하는 숏은 119개로 줄이는 한편, 〈괴물〉측의 김태완 팀장과의 인연으로 미국에서 활동하고 있는 CG 전문가에게 자문을 구했다. 오퍼니지 측에서 제시한 아이템 하나하나를 검토하면서 깎을 수 있는 부분은 깎고, 줄일 수 있는 부분은 줄이며, 불필요한 요구는 불필요하다고 지적하는 데에 그 역할이 지대했다고 한다.

2005년 5월 오퍼니지와의 최종 담판이 끝나고 계약이 결정되면서 작업이 시작되었다. 미국 오퍼니지 측에서는 〈괴물〉의 작업에 참여할 스태프들을 모았다. 〈슈퍼맨 리턴즈〉의 작업도 함께 하는 중이었음에도, 많은 아티스트들이 영화에 대한 설명을 들은 후 〈슈퍼맨 리턴즈〉보다는 〈괴물〉이 더 재미있을 것 같다며 〈괴물〉의 작업에 참여하겠다고 의사를 밝혔다. 한국에서는 CG의 바탕이 되는 촬영을 먼저 해야 하는 상황. 8월에 케빈 래퍼티를 비롯한 오퍼니지팀이 촬영 현장에 도착해서 일을 시작했다. 그들이 서울에 머무는 동안에 CG가 들어가는 신을 다 찍어야 했기 때문에 촬영 스케줄을 모두 다 바꿔서 조정해야 했다. 하루하루가 다 돈이었다. 촬영 현장의 작업과 스케줄 조정 과정에서 말로 다 할 수 없는 우여곡절도 많았다. 서로 다른 문화권에서 온 만큼 문화 차이로 인한 갈등도 없지 않았다. 350만 달러에 작업을 마쳐야 하는 오퍼니지 입장에서는 작업을 빨리 끝내기 위해 계속 〈괴물〉팀을 닦달했다. 오퍼니지와의 작업에서 가장 어려웠던 순간은 촬영이 끝난 후에 벌어졌다. 1, 2주 정도 지연된 촬영분에 대해 5억 원이라는 돈의 오버차지를 요구한 것이었다. 즐겁고 긍정적으로 작업하면서 〈괴물〉과 봉준호 감독에 지대한 애정을 표현해온 오퍼니지의 아티스트 스태프들과, 심하다 싶을 만큼 돈 문제에 대해 빡빡하게 구는 매니지먼트 스태프들 사이의 괴리를 실감하는 순간이었다. 사실 그런 분위기는 미국 영화계에서는 자연스러운 것이지만 한국의 제작팀으로서는 실질적, 심리적으로 그런 분위기를 받아들이기가 쉽지 않았다.

〈괴물〉의 제작팀 역시 가만히 앉아서 당하지는 않겠다는 태도로 대응해나갔다. 그동안 쌓아온 인맥을 통해 할리우드에 오퍼니지와의 일을 공론화시키는 한편으로 백방으로 섭외하여 전문 변호사를 선임했다. CG 쪽에서 20년이 넘게 일해온 변호사로, 유명 영화들의 작업에 계속 참여해온 인물이었다. 이 변호사는 영화 〈영웅〉에도 참여했었는데, 오퍼니지가 그 영화 촬영시에도 비슷한 일을 일으켰다면서 여유 있게 대처했고, 결국 그가 개입한 이후 일은 손쉽게 풀렸다. 1억 9천만 원 정도 선에서 서로가 화해하며 비용 문제가 해결되었다. 서너 달 동안의 빡빡하고 치열했던 싸움이 허무하리 만큼 스르르 풀렸다. 그때부터는 서로가 할 일을 충실히 하면서 마무리를 잘하는 일만 남았다.

웨타 워크숍의 리처드 테일러는 작업이 결렬된 이후에도 〈괴물〉에 대한 배려를 보여주었다. 크리처 디자이너 장희철 씨가 웨타 워크숍에서 작업을 할 수 있도록 주선해주고, 스캐너블 매킷을 만드는 과정에서 필요한 장비를 사용할 수 있도록 편의를 봐주며 도와주었다. 뉴질랜드와 미국의 문화 차이라고 볼 수도 있고, 또 한편으로는 아무리 문화가 달라도 결국 영화와 사람에 대한 애정과 이해는 통하는 법이라는 사실을 알려준 일이기도 했다.

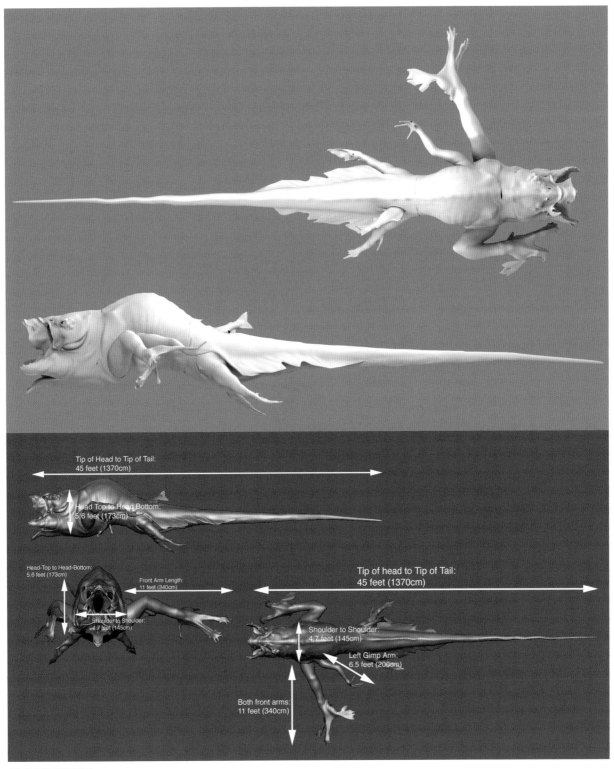

괴물의 크기 설정용 파일.

Postproduction
후반작업

영화의 완성, 후반작업

영화 제작과정은 크게 프리프로덕션(Preproduction), 프로덕션(Production), 포스트프로덕션(Postproduction)으로 나뉜다. 프리프로덕션은 사전 작업으로 영화 촬영을 위한 모든 준비작업을 말하며, 프로덕션은 실제 촬영, 포스트프로덕션은 후반작업을 말한다.

촬영이 끝난 후 필름은 현상소에 보내져 비디오로 전환된 뒤(텔레시네), 편집실에서 AVID 시스템(영화 편집 솔루션. AVID는 브랜드 이름이다)을 거쳐 디지털화되어 하드디스크에 기록된다. 현장에서 테이프에 동시녹음된 소리들 역시 편집실에서 디지털 정보로 변환된다.

편집실에서는 디지털화된 소리와 그림을 하나로 맞춘 뒤, 먼저 시나리오에 따라 순서 편집을 하고 영화를 다시 다듬게 된다. 편집 과정에서 영화는 시나리오의 내용과 다르게 바뀔 수 있으며 재촬영이나 보충 촬영 여부도 결정하게 된다.

영화의 편집이 끝나게 되면, AVID상에서 컷리스트를 출력하게 된다. 컷리스트에는 원본 필름에서 어떤 부분을 쓸 것인지에 대한 키코드 정보(원본 필름에서의 위치를 표시한 데이터)와 CG작업 부분, 각종 옵티컬 효과에 관한 모든 정보가 담겨 있다. 편집실에서는 컷리스트를 보며 원본 네거티브를 AVID 편집본과 동일하게 편집하게 되는데 이 과정을 네가 커팅이라고 한다.

소리는 다시 그림에서 분리되어, 편집된 비디오본과 함께 사운드 후반작업 팀으로 넘어가게 된다. 대사와 효과음은 거의 모두가 따로 녹음되어서 입혀지며, 필요에 따라 후시녹음을 하거나 효과음을 만들어넣기도 한다. 영화음악은 편집된 그림을 보면서 감독과 영화음악가가 함께 어떤 음악을 어떻게, 어디에 쓸 것인지를 결정한다. 편집된 화면에 맞추어 모든 소리를 입히고, 만들고, 적절한 트랙과 위치에 적절한 볼륨으로 배치하는 작업이 믹싱이다.

이 과정을 거쳐 완성된 사운드는 많은 트랙으로 나뉘게 되는데, 믹스 다운이라는 과정을 거쳐 최종적으로 5.1 채널로 나오게 되고, 돌비 믹싱의 과정을 거쳐 돌비 디지털이 되거나 DTS 등으로 완성되기도 한다.

완성된 CG와 옵티컬 등은 다시 네거티브 필름의 상태로 네거 커팅 중인 원본 네거티브 편집본에 합쳐진다. 완성된 그림은 컬러와 노출을 일관되게 맞추기 위해 색보정 과정을 거치는데, 이때 영화에 맞는 그림의 톤을 만들게 된다.

완성된 그림과 소리는 다시 현상소로 보내져서 그림과 소리가 하나로 합쳐진 최종 결과물인 프린트를 완성하게 된다. 작업이 마무리되면 프린트(극장 상영용 필름)를 만든다. 요즘은 DI(Digital Intermediate)라고 하는, 필름을 디지털 기술로 처리한 뒤 색보정을 비롯한 여러 가지 작업을 하는 과정을 거친 후 다시 상영용 프린트로 전환하기도 한다. 영화 〈괴물〉도 DI를 거쳐 프린트가 완성되었다.

영화 〈괴물〉에서는 비주얼 이펙트가 큰 부분을 차지했기 때문에 후반작업이 다른 영화와 달리 매우 복잡하게 진행되었다.

촬영

김형구 촬영감독

〈비트〉〈아름다운 시절〉〈봄날은 간다〉〈살인의 추억〉에 이르기까지 꾸준히 영상적인 실험과 연구를 지속하여 한국영화 영상의 지평을 넓혔다. 〈괴물〉에서 평화롭고 아름다운 한강의 모습에서부터 괴물의 습격 이후, 점점 어두워지면서 마지막 사투 신에서 거의 무채색이 되어가는 전체 칼라톤을 맞추는데 중점을 두었다고. 또한 드라마가 펼쳐지는 공간의 특수성을 살려나가기 위해서 수중 및 항공 촬영 등을 배제하고 가시적인 스펙타클과 함께 캐릭터의 감정까지 잡아내는 데 주력했다.

필모그래피 〈해변의 여인〉〈극장전〉〈역도산〉〈여자는 남자의 미래다〉〈영어완전정복〉〈살인의 추억〉〈봄날은 간다〉〈무사〉〈인터뷰〉〈박하사탕〉〈아름다운 시절〉〈이재수의 난〉〈태양은 없다〉〈비트〉 등

김형구 감독은 봉준호 감독과 〈살인의 추억〉에서 이미 호흡을 맞춘 바 있다. 김형구 감독은 그 작업에서 봉준호 감독이 젊지만 연출력과 스태프를 운용하는 능력이 뛰어나다는 인상을 받았고, 작업 내내 좋은 관계를 유지했었다.

〈괴물〉의 시나리오를 처음 받았을 때, '애니메이션 캐릭터가 백주 대낮에 활보' 하는 것이 영화적으로 무모한 시도가 아니었을까 우려도 되었다는 것이 김형구 감독의 말이다. 하지만 남들이 하지 않은 것을 시도하는 것에 매력을 느껴온 터라, 이 모험(!)에 과감히 뛰어들었다. 촬영자로서 마음에 드는 부분은 첫 번째 시퀀스에서 밤섬을 걸고 서울을 찍은 부분. 서울에 살면서 늘 오가던 한강이고 늘 바라보던 서울인데 그렇게 카메라로 보니 느낌이 색달랐다고 한다. 한강과 서울의 모습을 밝은 햇살 아래 평화롭게 보여주고 싶었는데 그 의도가 잘 구현되었고, 서울과 한강의 아름다움이 잘 살아났다고 생각한다.

초반의 밝은 컬러는 괴물의 등장 이후 톤이 가라앉는다. 계속 비가 내리고 화면은 어두컴컴해진다. 마지막에는 거기에 에이전트 옐로까지 등장해 화면은 누렇고 뿌옇게 보인다. 연출과 촬영의 의도는 이 장면에서 황사의 느낌, 세상의 마지막, 말세, 디스토피아적인 이미지를 주는 것이었다. 이런 느낌은 후반 DI작업에서 더욱 강화되었다.

촬영 톤의 이런 변화는 〈살인의 추억〉에서도 비슷한 경로를 겪었다. 초반의 평화롭고 잔잔하던 화면은 점점 칙칙하고 무겁고 어두워진다. 그러다 마지막, 현재를 보여주는 장면에서는 다시 밝아진다.

촬영감독으로서 우수구(또는 하수구) 장면은 고민거리가 아닐 수 없었다. 은신처 세트에서나 한강 로케이션에서도 일단 조명을 어떻게 해야 할지가 관건이었다. 콘트라스트를 최소한으로 하고 칠흑 같은 어둠 속에 입구 쪽에서 희미한 빛이 들어온다는 것으로 개념을 잡고 접근했다. 봉준호 감독은 카메라에 대해 잘 이해하고 있는 감독이라서, 사전 회의에서 영화 전체와 개별 화면에 대한 이해를 서로 공유하면서 정밀하게 계획을 잡아갔다.

교각 아래처럼 압도적인 공간감이 중요한 장면에서 사람의 눈과 카메라의 눈이 포착하는 그림은 서로 다르다. 사람의 눈이 느끼는 입체적인 아찔함과 압도당하는 느낌은 카메라의 단안(單眼)으로 바라보면 평면적으로 보인다. 이런 부분을 어떻게 극복할 것인가는 〈괴물〉 영화 작업에

서만이 아니라 촬영감독으로서 항상 고민해야 할 문제이다. 동영상 콘티가 있다 해도 괴물 캐릭터가 없는 상태에서 카메라의 속도와 앵글을 맞춰가는 일은 결국 촬영감독 개인의 감에 의존하게 된다. 쉽지 않은 작업이었고 시행착오도 적지 않았지만, 국내 영화계에서 해보기 힘든 실험적인 시도였고 남들이 가지 않은 길을 개척했다는 점에서 자부심을 느낀다. 특히 1990년대 이후의 중요한 한국영화들이 거의 다 올라 있는 그의 필모그래피에 이제 〈괴물〉이라는 또 하나의 중요한 영화 한 편이 추가되었다.

〈괴물〉에 쓰인 주요 촬영도구들

카메라와 렌즈 Camera & Lens

Arricam ST라는 카메라를 썼고, 렌즈는 LDS렌즈(Lens Data System)다. LDS렌즈란 모든 데이터를 모니터에서 한눈에 볼 수 있는 렌즈를 말한다.

스테디캠 Steadycam

〈괴물〉에는 스테디캠 숏이 많았다. 굉장히 많은 숏에서 카메라를 움직였기 때문이다. 스테디캠이란 카메라를 들고 찍을 수 있도록 한 보조장비. 카메라를 움직여서 찍는 데는 여러 가지 방법이 있다. 사람이 어깨에 메는 핸드헬드 카메라는 사람이 들고 뛰면 많이 흔들려 거친 화면이 된다. 레일을 깔고 바퀴 달린 카메라를 움직이게 되면 안정적이고 부드럽게 움직이기는 하지만 트랙을 깔 수 있는 장소나 길이에 제약을 받게 된다. 이 단점을 보완한 것이 바로 스테디캠이다. 스테디캠에는 사람이 뛰는 충격을 흡수해주는 스프링 장치가 있어서 사람이 카메라를 메고 뛰더라도 흔들림 없는 안정된 카메라워크를 구사하게 해준다. 사람이 들고 다닐 수 있으므로 경사진 곳이나 계단, 웅덩이 등 장소 제약이 없다. 영화 초반 괴물이 처음 한강 둔치로 뛰어올라와 사람을 쳐서 빠뜨리고 송강호를 밀치면서 공원으로 뛰어나가는 장면 역시 스테디캠 아니면 구사할 수 없는 카메라워크이다. 봉준호 감독이 특별히 그런 카메라워크를 좋아해서 살인의 추억에서도 스테디캠이 쓰였다. 〈살인의 추억〉 초반 진땅에 찍힌 발자국을 보여주고 내려왔는데, 경운기가 발자국을 밟고 지나가는 롱테이크 장면은 스테디캠으로 찍은 것이다.

케이블캠 Cablecam

케이블캠은 카메라를 케이블에 달아 움직이게 하는 장비로, 무선으로 조종한다. 워낙 고가고 오퍼레이팅이 복잡해서 잘 사용하지 않는다. 버드 아이 숏에 주로 쓰이는데, 〈괴물〉에서는 강두가 원효대교 하수구(스태프들 사이에서 원효모리아라고 불렀던)로 뛰어들어가는 장면에서 쓰였다. 강두가 하수구로 뛰어들어오면 카메라도 강두를 따라 빠른 속도로 움직인다. 외부에 펼쳐진 공간일 경우

크레인에 케이블을 연결해서 쓰곤 하는데, 원효모리아에는 전날 기둥에 징을 박아 케이블을 설치해야 했다. 원효모리아는 기둥이 많고 공간에 제약이 있어서 원하는 만큼 카메라를 움직일 수 있는 공간은 아니었다고. 한 번 쓰는데 500만 원 정도 든다. 케이블캠과 비슷한 역할을 하는 것으로 플라잉캠이 있는데 이것은 헬리콥터에 매달아서 움직이는 것이다.

HD캠과 베타캠 HD cam & Betacam

뉴스 방송 장면은 HD 캠으로, 양궁중계는 베타캠으로 찍었는데 모두 일반 방송에서 쓰는 카메라다. 방송이라는 느낌을 주기 위해, 그리고 편집을 위해 일반 방송용 카메라가 쓰였다.

펠릭스 Felix

트랙(레일 깔아서 달리는 자동차)과 크레인이 결합된 장비로 우리나라 현장에서 가장 많이 쓰이는 장비다. 역시 카메라를 움직일 때 쓴다.

그 외의 장비

괴물이 매점에 있는 가족을 공격하다가 총을 맞고 도망간 뒤 교각을 타고 넘어갔다가 강에 입수하는 장면을 기억할 것이다. 이때 카메라는 한강 둔치를 달리는 괴물을 쫓아가다가 괴물이 교각을 타면 다리를 따라 밑을 훑는다. 괴물이 빠르게 움직이는 숏인데 화면이 거칠면 안 되기 때문에 촬영용 장비는 아니지만 전기로 가는 골프장비 이동차를 썼다. 전기로 가는 골프장비차는 조용하고 빨라서 제격이었다고 한다. 골프장비차에 마운트를 만들어서 거기에 카메라를 얹어서 이동시켰다.

조명

이강산, 정영민 조명감독

김형구 촬영감독과 명콤비로 호흡을 맞추며 미학적인 액션부터 세련되고 심도 깊은 영상까지 만들어내는 빛의 마술사들이다. 영화 〈괴물〉에서는 인위적인 느낌의 조명을 배제하고, 자연스러움을 최대한 살릴 수 있도록 빛을 조절. 특히 하수구와 은신처 등 빛이 거의 없는 공간에서 자연스러운 어둠을 만들어내어 공간과 캐릭터의 조화를 이루는 데 주력했다.

이강산 필모그래피 〈댄서의 순정〉 〈역도산〉 〈여자는 남자의 미래다〉 〈영어완전정복〉 〈살인의 추억〉 〈중독〉 〈봄날은 간다〉 〈무사〉
정영민 필모그래피 〈반칙왕〉 〈화산고〉 〈결혼은 미친짓이다〉 〈빙우〉 〈피아노치는 대통령〉 〈맹부삼천지교〉 〈해변의 여인〉 〈박수칠 때 떠나라〉
이강산, 정영민 공동작업 〈역도산〉 〈박하사탕〉 〈아름다운 시절〉 〈비트〉 〈태양은 없다〉 〈은행나무 침대〉

영화 〈괴물〉은 정영민 감독에게 많은 아쉬움을 남긴 작품이다. 원래 이 작품은 이강산 조명감독이 맡기로 하고 기본적인 조명 디자인작업을 하고 있었다. 그런데 테스트 촬영과 기자재 세팅까지 어느 정도 마친 상황에서 갑자기 사정이 생겨 이강산 감독이 작업을 계속할 수 없게 되면서 정영민 감독이 급히 〈괴물〉에 참가하게 된 것이다.

그런 사정으로 프리프로덕션 단계를 함께할 수 없었던 정영민 감독은 사전준비가 미흡할 수밖에 없었던 상황을 두고두고 아쉬워했다. 특히 〈괴물〉은 하수구 장면처럼 다른 영화에서 찾아보기 힘든 장면들이 많이 등장하기 때문에 조명에 대한 고민도 다른 영화와는 달라야 했기 때문이다. 〈괴물〉의 조명 콘셉트는 전체적으로는 키 라이트(Key light)와 필 라이트(Fill light)의 차이를 최소한으로 잡아 '소프트'한 느낌을 주려는 것이었다고 한다. 전체 베이스를 채

위주는 식으로 부드럽게, 최대한으로 자연스럽게 보이는 것이 목표였다. 촬영 기간이 길어서 장마와 더위, 추위를 다 겪다 보니 조명 장비에 대해 물리적인 면에서 배려도 해야 했다.

특히 하수구 장면의 조명은 쉽지 않았다. 부드럽게 빛이 번지는 느낌의 라이트를 쓰고 싶었는데 촬영 당시에는 그 장비가 없었다. 하수구를 지나는 가족들이 플래시로 비추면 거기서 올라오는 잔광 느낌으로 부드럽게 번지는 효과를 주기 위해 급조해서 지등을 사용했다. 하수구(실제로는 우수구) 촬영에서 신경을 써야 했던 것이, 하수구 밖이 보이는 장면에서 자연광과 인공광이 어떻게 '자연스럽게' 이어지도록 할 것인가라는 문제였다. 하수구 안쪽은 어둡기 때문에 조명을 하지 않을 수 없는데, 그 조명이 자연광과 어우러지지 않으면 '리얼리스틱한' 느낌이 살지 않았기

때문이다. 결국에는 큰 라이트를 많이 쓰면서 버터플라이를 이용해서 전체적으로 바운스되도록 해서 빛이 부드럽게 퍼지도록 했다. 하수구의 회벽 색깔은 조명을 조금만 받아도 밝고, 흐르는 물은 상대적으로 어두워서 검게 보인다. 그래서 하수구 천장 부분을 밝게 해서 천장 부분에 물이 반사되는 것으로 보이게끔 만들었다. 하수구의 원형 기둥들은 조명팀에 또다른 숙제를 던져주었다. 빛이 바운스되도록 하면 기둥 그림자가 떨어져서 그 그림자들을 처리해야 하는 문제가 생기는 것이었다. 그래서 바운스를 한번 한 상태에서 다시 한 번 더 빛을 걸러주어서(영화 조명 분야에서는 흔히 디피diffusion라고 부름) 그림자를 막고 밝은 부분은 끊어서 죽여주었다. 빛이 바운스되도록 해서 이용하면 조명을 컨트롤하기가 쉽지 않다. 특히 큰 라이트는 더욱 그렇다. 라이트 하나에 액세서리가 많이 달려야 하기 때문이다. 그런데 하수구는 조명을 세울 수 있는 공간이 한정되어 있고 기둥들은 계속 방해가 되어서, 조명을 설치하는 문제부터 고민이었다고 한다.

영화가 완성된 이후에도 만족스러운 부분보다는 '이렇게 했으면 더 좋았을 걸' 하고 아쉬운 부분이 더 많다는 것이 정영민 감독의 말이다. 어두운 매점 내부에서 가족들이 둘러앉은 부분에서 공간의 제약이 문제였다. 감독은 매점 세트를 만들면서 천장이나 벽을 뚫거나 하지 않았고 실제 매점보다 넓게 만들지도 않았다. 실제 매점처럼 사실적으로 보여야 한다는 원칙 때문이었다. 조명이나 촬영 입장에서는 기술적인 부분을 위해 적절한 변형을 해주는 편이 훨씬 편리한 게 당연하다. 이런 '사실적인' 매점에서 플래시 하나 가지고 매점이 밝아졌다는 느낌을 살리는 것이

조명팀의 과제. 또 다른 복병은 과자봉지였다. 과자봉지들은 빛을 조금만 받아도 두드러지게 밝아 보인다. 그런데 이 매점 장면에서 가족들은 모두 어두운 옷을 입고 있었다. 어두운 부분과 밝은 부분의 차이가 많이 나서 조명하기 힘들었던 곳으로 기억된다고 한다.

하수구 부분도 촬영 시에는 위에서 조명을 하는 개념으로 갔는데, 순광의 개념으로 가면서 공간을 채워주는 조명으로 처리했어도 괜찮을 것 같다는 생각이 든다고 한다.

〈괴물〉은 조명감독의 입장에서 본다면 결코 쉬운 작품이 아니다. 하수구나 매점 같이 제한된 공간은 조명을 할 수 있는 공간마저 제약하기 때문에 연출 의도를 충분히 살릴 수 있도록 응용하기가 물리적으로 불가능하다. '프리프로덕션 단계부터 충분히 조명 계획을 짜고 준비를 했다면 더 좋은 작품을 만들어낼 수 있었을 텐데…' 하고 내내 마음에 아쉬움만 남는다는 것이 정영민 조명감독의 입장이었다. 하지만 비주얼 이펙트를 담당했던 미국 오퍼니지 스태프들이 현장에서 작업을 마친 후, 촬영과 조명 부분의 퀄리티가 높다는 칭찬을 아끼지 않았다는 후문(미국 영화의 자본과 기자재에 비해 국내 조건이 상대적으로 열악함에도 불구하고)은 정영민 감독의 분투와 노력을 알 수 있게 해주는 지점이다.

〈괴물〉에 쓰인 주요 조명 기구와 방법

은신처 조명

탑에서 라이트를 했다. 18킬로 라이트를 썼고, 그 밑에 버터플라이로 빛을 디피시켜서 넣었다. 위아래 노출 차이를 줘야 하는 것이 힘들었다고.

디피 Diffusion

라이트를 디피(Diffusion, 빛을 걸러주는 것)시켜서 내부를 소프트하게 만들어주고 벽 질감을 살리기 위해서 조명을 옆으로 틀었다. 바운스를 치고 디피를

또 하는 경우도 있는데 지형지물의 새도우를 희석시키려고 할 때이다. 디피시켜주는 도구는 보통 4*4/ 6*6 / 12*12 등 사이즈로 이야기하며, 디피존, 그리드 같은 필터를 틀에 발라서 쓴다.

디피와 바운스 Diffusion & Bounce

하수구 장면에서는 조명기구들을 설치하는 공간에 제약을 많이 받았다. 사진에 보이는 것은 라이트를 디피시키고 바운스(Bounce, 피사체를 직접 조명하지 않고 간접 조명하는 방식)를 친 것이다. 18킬로 라이트를 써서 천장 바운스로 전체적으로 베이스가 깔리게 해주었다. 입구 쪽은 좀 더 밝아야 하기 때문에 6킬로 파(PAR)를 썼다. 하단부에도 직광이 새는 것을 디피시켜 놓았다. 하수구 장면 촬영이 얼마나 힘들었던지, 조명 아래서 졸고 있는 스태프의 모습도 사진에 찍혔다.

조명과 액세서리들

편집에선 날라갔지만 영화 초반에 괴물 배설물을 찾는 장면에 쓰인 라이트. 라이트에 액세서리가 주렁주렁 있는 것을 볼 수 있다. 라이트에 디피하고 바운스를 했다. 앞에 있는 검은 판은 쓸데없이 새는 빛을 막아주는 역할을 하는 플로피(Floppy)라는 가림판이다.

매점 조명

과자봉지 등 반짝거리는 것이 많아 조명이 힘들었던 매점 촬영 장면. 매점 내부에 조명을 버터플라이로 바운스를 쳐서 넣었다. 스태프가 손에 들고 있는 것은 고보(Gobo, 가림판)로, 조명이 필요 없는 부분의 빛을 끊어주는 역할을 했다.

키노라이트 Kino light

형광등류의 조명으로, 세진세주 형제가 등장하는 부분에서 쓰였다. 전체적으로 고르고 소프트하게 조명이 되고 새도우가 진하게 떨어지지 않게 했다. 정영민 조명감독이 들고 있는 것은 키노라이트 2피트짜리다. 이처럼 인물이 길게 이동할 때나 공간이 없을 때는 직접 들고 하기도 한다.

제논라이트 Xenon light

괴물이 아크로배틱한 동작으로 교각을 타는 소스 화면을 찍을 때 쓴 제논라이트. 서치라이트처럼 스포트하게 일자로 길게 나가는 라이트로, 앞쪽에는 닿지 않게 하고 안쪽에 조명이 가도록, 그리고 다리 조각 부분을 조명하였다.

미술

류성희 미술감독

〈살인의 추억〉〈올드보이〉〈달콤한 인생〉 등 특정 공간에 배우 못지않은 활기를 불어넣어 캐릭터의 감정을 극대화시켰다는 평을 받는 미술 감독. 영화 〈괴물〉에서는 가장 익숙하고 한국적이며, 평범한 모양새들 안에서 모든 것을 구현해야 한다고 생각, 현실성을 기반으로 전체 톤을 조절하되 그 위에 유머와 아이러니가 더 표현될 수 있도록 노력했다. 그래서 현실적인 공간에 나타난 낯선 존재 '괴물'이 안겨주는 긴장감을 매우 사실적으로, 실재감 있게 느끼게 했다.

필모그래피 〈달콤한 인생〉〈쓰리, 몬스터〉〈살인의 추억〉〈올드보이〉〈피도 눈물도 없이〉〈꽃섬〉

'80년대의 공기를 담고 싶다'는 감독의 주문에 따라 〈살인의 추억〉을 작업했었던 류성희 미술감독은 그 영화에서 봉준호 감독에게 중요한 정서는 '한국적인 것'이었다고 말한다. 〈괴물〉역시 한국적이어야 한다는 것이 류성희 감독의 의도였다. 일상적인 서울과 한강에서 펼쳐지는 판타지인 만큼 미술작업은 리얼리즘에 근거해야 했다. 현재를 살아가는 한국인들이 익숙하게 보고 경험했던 공통 정서에 기반한 것들, 영화에 나오는 모든 것들이 '진짜'라고 느낄 수 있게 보여줘야 하는 것이 〈괴물〉의 숙제였다.

하지만 〈괴물〉의 경우에는 미술감독의 입장에서 콘셉트를 잡는 데에 시간이 오래 걸렸다. 애초 봉준호 감독의 입장은 '어떤 것도 될 수 있다'는 쪽이었기 때문에, 콘셉트를 잡는 작업이 아주 '멀리까지' 가야 했다. 어떤 때에는 순수미술의 개념미술이나 추상미술 같은 쪽으로 콘셉트를 잡아서

스케치가 나오기도 했고 어떤 때엔 괴수영화의 장르에 충실한 느낌의 스케치가 나오기도 했다. 수많은 좌충우돌과 시행착오 끝에 감독과 미술감독이 합의를 본 콘셉트는 '가장 익숙한 방식으로 낯설음을 만들어내는 미술'이어야 한다는 것이다. 산뜻해 보이는 초반부, 원색이 보여지는 클라이맥스에서의 한강 모습을 제외하고는 괴물의 등장 이후 내내 색감과 텍스처를 통일하는데 주력하였고, 간간히 의도적으로 사용된 컬러풀한 색상들은 유머나 아이러니의 표현이 되기를 의도했다.

〈괴물〉에 재현된 공간과 인물들은 사실상 21세기 지금의 한국을 형상화하는 것을 목적으로 하지는 않았다. 2006년 지금의 서울 한강의 모습이라기보다는 우리에게 가장 보편적이고 익숙하게 기억되고 있는 모습의 구현이라는 것이 더 맞을 것 같다. 배경이나 의상도 그렇고, 종종 작업을

하면서 〈살인의 추억〉이 봉준호 감독의 80년대에 대한 영화라면, 〈괴물〉은 삼풍사건, 성수대교 사건, 독극물방출 등 봉준호 감독의 90년대 경험들을 토대로 한 정서의 영화가 아닐까 하는 생각을 하기도 했다. 인물들의 의상이나 헤어 스타일도 유심히 보면 영화가 만들어진 2006년보다는 조금 이전의 것들이다. 명시적으로 밝히지 않은 부분들이라 잘 드러나지는 않지만 말이다. 류성희 감독은 사실상 이런 콘셉트에 대해 고민을 많이 했다고 한다. '지금을 이야기해야 하는 것이 아닌가' 라는 질문을 계속 스스로에게 던져야 했다. 결국 1990년대의 사회와 그 당대의 사건들을 연상시키면서, 그 시대에 대해 짚고 넘어가는 것 또한 의미가 깊다는 결론을 내렸고 '장르를 통한 사회 이야기' 라는 봉준호 감독의 장기를 살려내는 미술작업에 매달렸다.

'괴물' 의 크기는 미술팀에게 특히 중요했다. 그 크기에 맞춰서 은신처의 크기를 정하고 괴물의 모양과 움직임에 따라 은신처의 디자인이 결정되었다. 큰 차이도 아닌 10센티미터, 20센티미터를 두고 감독과 미술감독은 치열한 토론을 거쳤다. '괴물이 은신처에 누웠을 때 공간에 여유가 얼마나 있어야 하느냐.' 라는 문제부터 '괴물이 꼬리에 사람을 감고 이동할 때 공간은 어떻게 생겨야 하느냐.' 라는 문제까지 일일이 다 결정해야 했다. 결과적으로 나온 은신처는 너무나 단순한 디자인이다. 아무것도 없는 공간. 사실 괴물의 은신처 같은 부분은 이런 장르의 영화미술에선 '꽃' 이라고도 볼 수 있다. 디자이너와 감독의 역량과 상상력을 마음껏 펼칠 수 있는 부분이기 때문이다. 그만큼 '멋있게' 만들고 싶은 유혹이 클 수밖에 없다. 하

지만 영화 〈괴물〉에서 괴물의 은신처에는 아무것도 없다. 처음 디자인할 때는 물론 여러 가지 요소가 많았지만 회의에 회의를 거듭하면서 공간은 점점 단순해졌다. 공간이 텅 비어 있어야 현서가 처해 있는 이 잔혹한 상황이 더욱 강조될 것이라고 판단했기 때문이다. 캐릭터의 감정과 상황에 집중해야 한다는 것이 봉준호 감독의 원칙이기도 하고, 미술감독 역시 은신처 신에서 가장 중요한 것은 현서의 '감정' 이라고 생각했다. 아무도 없고 아무것도 없는 콘크리트 더미 사이에 버려진 느낌을 살리고 싶었다는 것이 류성희 감독의 입장이었다.

이번 영화에서 미술팀에겐 '안 보이는 작업' 이 유달리 많았다. 새 것 느낌이 나지 않고 오래 쓰고 낡은 듯한 텍스처를 주는 것이 중요했기 때문에 손은 많이 가지만 표는 안 나는 미술작업을 해야 했다. 엔딩의 원효대교 장면에서도 촬영 얼마 전 교각을 새하얗게 페인트칠하는 바람에 고민 끝에 결국은 미술팀들이 10미터가 넘는 교각에 매달려 일일이 손질을 해서 오래된 느낌이 나도록 처리를 해야 했다. 게다가 촬영이 끝난 후에는 다시 원상복구라는 작업이 기다리고 있었다. 아울러 이렇게 비주얼 이펙트가 많이 들어가는 영화의 경우에는 어려운 장면이나 중요한 장면들을 미술-조명-촬영 등의 구체적인 부분을 점검할 수 있는 테스트 촬영을 (가급적이면 여러 번) 거친다면 조금 더 나은 결과를 얻을 수 있을 것 같다고도 말했다.

최근 몇 년 사이 영화미술에서 두드러지는 능력과 개성을 보여주고 있는 류성희 미술감독. 그가 작업한 '리얼리즘 베이스' 의 미술이 아니었다면 영화 〈괴물〉이 지금처럼 한국적인 현실에 뿌리를 잘 내리기는 어려웠을 것이다.

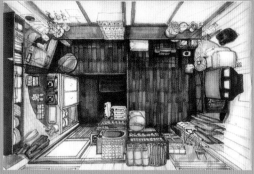

영화 초반 강두네 매점 디자인. 한강변에 있는 실제 매점을 참고해서 만들었다. 실제로 매점은 주인이 많은 시간을 보내는 곳이기에 옷, TV, 이불, 밥통까지 다 있고, 주인의 성격에 따라 내부 공간이 달리 꾸며져 있었다고 한다. 처음 등장하는 강두네 매점은 세탁한 양말이 매달려 있는 등 홀아비의 느낌이 난다.

영화 엔딩에 나오는 매점은 영화 초반 현서가 있었던 공간과는 사뭇 다르다. 이전에는 현서의 공간이었다는 것을 보여주는(하지만 지금은 액자 속의 추억이 되어버린) 사진들과 세주의 공간임을 보여주는 장난감이며 책가방이 놓여 있다.

은신처 초기 스케치들. 은신처의 크기는 괴물의 몸 크기와 움직임 등이 고려되어 디자인된 것이다.

심혈을 기울여 많은 시간을 쏟아서 만든 바이오헤저드 마크. 의류에는 쓰이지만 표지판으로는 쓰이지 않는 마크라고 한다. 미국 것이 들어와 어색하게 한국화된 느낌을 원했기 때문에 세련된 느낌보다는 어색한 느낌이 많이 든다. 이 바이오헤저드 마크를 붙이기 위해 촬영 전 많은 시간을 기다리기도 했다.

원효대교에서 괴물과 대결하는 장면에서는 각종 단체의 시위 장면이 있다. 시위 깃발이나 티셔츠에도 재미있는 것들이 많은데, 숨통이 트이는 느낌을 주기 위해 컬러풀하게 디자인했다.

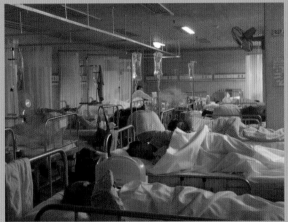

감독이 원하는 크기의 초대형 병실이 없어 만든 병실 세트장. 집단적으로 격리되어 있는 듯한 느낌을 살렸다. 보통 조명 설치에 편리하게 세트 위쪽을 뚫어놓지만, 실제 병원처럼 천장이 막힌 형태로 지어졌다.

작은 소품이지만 봉준호 감독이 문구나 글자의 위치에 신경을 많이 썼던 전단지. 전단지에 찍힌 도장은 봉 감독이 직접 찍은 것이다.

사람대신 괴물이 은신처에 차곡차곡 재어놓은 먹이(?) 역할을 한 모형들.

수색대원들이 쓰는 소품들과 병실에 있는 각종 소품들.

완성된 은신처의 모습. 처음에는 여러 가지 디자인 요소가 많았지만, 최종적으로 결정된 것은 이처럼 텅 비어 있어 현서의 상황이 강조되는 단순한 디자인이었다.

오염지역 출입금지 표지판 후보작들. 이 표지판은 감독의 오케를 받기 위해 100개 정도 디자인을 했다. 실제 현장에 배치했을 때는 어떤 느낌인지도 고려했다.

음악

이병우 음악감독

대한민국 대표 기타리스트이자 장르를 넘나드는 작곡가로 유명하다. 매 작품마다 완성도 높은 음악으로 한국 영화음악의 새 지평을 열었다는 평가를 받는 그는 영화 〈괴물〉에서 가장 한국적이고 현대적이며 대중적인 느낌을 주고 싶어했다. 특히 괴물이 등장하는 장면과 가족의 등장에 대비를 주도록 노력했다.

필모그래피 〈왕의 남자〉 〈내 생애 가장 아름다운 일주일〉 〈분홍신〉 〈연애의 목적〉 〈스캔들: 조선남녀상열지사〉 〈장화, 홍련〉 〈쓰리〉 〈마리이야기〉 〈스물넷〉 〈세친구〉 〈그들만의 세상〉

봉준호 감독의 전작 〈살인의 추억〉에서 음악은 일본의 이와시로 타로가 맡았다. 이번 영화 〈괴물〉을 위해서 처음 음악감독의 물망에 오른 이들의 명단은 그야말로 국제적으로 쟁쟁한 수준이었다. 결국 봉준호 감독과 호흡을 맞추게 된 사람은 이병우 음악감독. 어렸을 때부터 이병우 감독의 팬이었던 봉 감독은 단편영화 시절 이병우 씨의 음악을 사용한 적도 있었을 정도다. 그 당시엔 저작권에 대한 고려 없이 음악을 사용했던 사실에 대해 봉감독이 뒤늦은 고백과 사과를 하기도 했다.

〈괴물〉은 이병우 음악감독이 이제껏 작업했던 영화와는 여러 가지로 달랐다. 한국 영화음악계에서 이미 독보적이고 뚜렷한 위치를 차지하고 있는 이병우 감독이기는 하지만, 지금까지 했던 영화와 〈괴물〉은 사이즈가 달랐다. 지금까지의 영화가 감성이나 주제로 다가갔다면 이 영화는 스펙터클이나 물량의 개념이 달라서, 음악의 톤을 어떻게 조절해야 하는지가 문제였다.

기존의 할리우드 장르영화들은 음악 또한 물량공세적인 측면이 많았다. 하지만 봉 감독은 연출이나 미술, 촬영 등의 모든 면에서 자제와 균형을 중시하는 스타일이라서 음악 역시 과잉되는 것을 원치 않았다. 감독의 소신이 분명하고 반응이 빨라서 작업과정에서 커뮤니케이션이 편했다는 것이 이병우 감독의 말.

음악의 콘셉트는 크게 두 가지로 나뉜다. 괴물이 등장하는 장면에서는 비현실적인 느낌과 공포를 주어야 했고, 가족이 등장하는 장면에서는 이 가족의 '주변부적인' 느

껌을 살려야 했다. 고민의 결과 영화 전체에서 다양하게 변주되고 발전되는 키 멜로디가 탄생했다. 현대 음악적이면서도 트롯 같기도 하고, 왠지 서커스음악과 집시음악이 섞인 듯한 분위기의 독특한 느낌을 준다. 이병우 감독이 음악에서 바랐던 것은 '한국적' 분위기였다. 전통 국악이 아니라 현대 한국의 복합적이면서도 복잡한 문화를 구현하는 음악을 원했다고 한다. 〈괴물〉의 음악도 언뜻 들으면 멜로디가 무척 쉬운 것 같지만 따라가다 보면 박자가 복잡하게 어긋나서 '잡으려 해도 잡을 수 없는' 음악이 된다. 픽션인 영화 안에 현 세대의 문화가 들어가 논픽션적인 요소를 더해주는 영화의 분위기에 맞게 '현 세대'에서 가장 한국적인 것을 고민했다는 것이 이병우 음악감독의 말이다. 한국적이라는 것은 결국 사이즈가 크지 않고 왠지 촌스러우면서도 여러 가지가 섞여 있고 정이 느껴지

는, 그러면서도 때로 황당하고 비현실적인 일들이 아무렇지도 않게 일어나는 것이 아닐까. 그런 공감대를 음악적으로 표현한다는 것이 쉬운 일은 아니었지만, 칸느 영화제에서의 호의적인 반응과 국내 관객들의 반응을 본다면 이병우 감독의 고민은 어느 정도 해답을 얻은 것 같다.

편집

김선민 기사

필모그래피 〈우아한 세계〉〈극락도살인사건〉〈애정결핍이 두 남자에게 미치는 영향〉〈지하철을 타고〉〈맨발의 기봉이〉〈연리지〉〈망종〉〈작업의 정석〉〈연애〉〈달려라 장미〉〈가문의 위기〉〈이대로 죽을 순 없다〉〈가발〉〈여고괴담4〉〈남극일기〉〈신부수업〉〈그놈은 멋있었다〉〈누구나 비밀은 있다〉〈고독이 몸부림칠 때〉〈그녀를 모르면 간첩〉〈낭만자객〉〈남남북녀〉〈거울 속으로〉〈살인의 추억〉〈색즉시공〉〈해안선〉〈정글쥬스〉〈예스터데이〉〈두사부일체〉〈자카르타〉

〈괴물〉의 편집은 2005년 12월 말에 본격적으로 시작되었다. 하지만 정식으로 편집에 들어가기 이전부터 촬영 중간중간 오퍼니지에서 작업할 CG컷이 들어간 장면을 중심으로 미리 편집을 해야 했다. 12월 중순경 시작된 편집은 3월 중순경 완료되었다. 1월 말의 1차 편집본, 2월 말의 2차 편집본에 뒤이은 결과였고, 3월 중에는 세부적으로 다듬는 작업이 이어졌다. 전체적인 컷 수는 914컷 정도. 편집 기간 중 오퍼니지에서 작업한 장면들은 2, 3일 간격으로 계속 넘어왔고, 그 진행 상황에 따라 전체적인 길이와 리듬을 조절해나갔다. 영화 전체가 DI를 거쳐야 했기 때문에 스캔을 위한 시간이 필요했고, 따라서 신에 따라 편집이 정리되면 바로 DI 쪽으로 네거티브 필름을 넘겨야 했다. 이때 본편집이 완전 끝난 것이 아니었기 때문에 네가필름은 테이크 전체를 넘겼다. 3월 17일 본편집이 완료

되었고 그것을 토대로 바뀐 컷과 길이를 조정해서 네가 커팅은 마무리되었다.

감독의 연출의도에 부합하도록 편집하는 것이 무엇보다 성공적인 편집의 요건이라는 게 김선민 기사의 말이다. 현서의 생존 여부가 플롯에서 기능하는 시점들, 현서가 괴물의 공간인 은신처에 갇혀 있던 시간들, 처음에는 뭉쳐서 현서를 구하려던 가족들이 뿔뿔이 흩어진 이후 개별적으로 행동하는 시점에서 가족들의 동선과 현서의 상황 및 감정을 어떻게 배분해서 교차하며 호흡과 긴장을 유지할 것인가라는 부분이 매우 까다로웠다. 또 편집을 하면서 중점을 두었던 점은 이 영화가 가족들의 사투 및 여러 가지 은유와 상징을 품고 있지만 한편으로는 재미있는 몬스터 영화로도 기능할 수 있기를 바랐다고 한다.

김선민 기사가 개인적으로 좋아하는 부분은 괴물이 백주

대낮에 한강 둔치에서 '설치는' 장면. 괴수영화의 장르 규칙을 과감히 깨고 '설마?' 하는 의혹을 여지없이 부수면서 벌어지는 액션과 그 장면에서 괴물의 뒤뚱거림이 마음에 든다고 한다. 남일이 화염병을 투척하고 그것이 불발되는 장면까지를 투박하고 거친 상징으로 보는 사람도 있을 지 모르지만 김선민 기사는 그 장면이 좋고 사실은 뭉클하다고. 가족들이 현서를 찾아다니는 몽타쥬 중 캄캄한 하수구 안에서 손전등 불빛이 휘둘려지는 인서트도 좋아한다고 한다.

봉준호 감독은 주요 장면에서 롱 테이크를 선호한다. 특히 롱 테이크 내에서 카메라를 움직인다거나 포커스를 이동하는 식의 연출 테크닉을 부여하는 것이 봉준호 감독의 특기이기도 하다. 이런 연출이 잘 되면 편집기사가 할 일이 비교적 줄어들긴 하지만 편집하기에는 아주 유용하다는 것이 김선민 기사의 말이다. 커트가 길면서도 리듬이 있기 때문에 지루하다는 느낌이 들지 않으면서 결국 영화 전체에 리듬감을 준다는 것이다.

봉준호 감독은 예의 바르고 편안하게 의견을 피력하고 간혹 의견이 다르더라도 서로의 의견을 수용하며 결국에는 최선의 것을 집요하게 뽑아내는 스타일이라서 함께 일하기에 편집자의 입장에서 편안하기도 했고 편집작업에 최선을 다할 수 있어서 좋았다고 한다.

즐겁게 편집했고 과정에서 최선을 다한 영화 〈괴물〉. 완성되어 스태프들의 손을 떠났으니 이제는 단점이 있더라도 아무쪼록 많은 관객들이 영화를 사랑해주기를 바란다는 것이 김선민 기사의 겸손한 인사다.

DI (Digital Intermediate)

이용기 상무

필모그래피 〈달콤한 인생〉 〈분홍신〉 〈친절한 금자씨〉 〈웰컴투동막골〉 〈형사〉 〈내 생애 가장 아름다운 일주일〉 〈나의 결혼 원정기〉 〈무영검〉 〈청연〉 〈야수〉 등

디지털 인터미디어트는 흔히 디지털 색보정이라고 알려져 있다. 촬영을 한 영화 필름을 디지털 기술로 처리해서 더 좋은 화질, 감독이 원하는 화면의 느낌을 뽑아내기 위한 과정이다. 영화에서 인터미디어트는 촬영 원본 필름과 상영용 필름 사이의 중간 단계에 있는 필름을 말한다. 원본 필름을 손상시키지 않고 작업을 하기 위한 중간 단계의 '매개체'인 것이다. 디지털 인터미디어트는 촬영 필름을 스캔해서 정보를 읽는데 주로 특수효과까지를 마친 단계의 네거티브 필름(네가)을 디지털로 전환한다. 디지털 마스터링이 끝난 단계에서 색 보정을 비롯한 여러 가지 작업을 한 후 다시 상영용 프린트로 전환하게 된다. 국제적으로 디지털 인터미디어트는 새로운 기술이다. 디지털 필름 스캐닝 기술이 나온 것이 겨우 1992년이었고, 영화 전체가 디지털 인터미디어트 처리를 한 작품(흔히 풀 디아이라고 부르는)은 1998년의 〈플레전트빌〉이 시초였다. 2001년의 〈아멜리에〉는 디지털 인터미디어트 완성도가 높은 영화로 꼽히곤 한다.

우리나라 영화에서 디지털 인터미디어트를 최초로 도입한 영화는 〈화산고〉(2000년)다. 하지만 초기 단계였기 때문에 여러 가지 어려움을 많이 겪어야 했다. 할리우드에서도 디지털 인터미디어트 기술이 정착되지 않았던 때이기 때문이다. 이후 몇몇 영화들이 디지털 인터미디어트를 시도했는데, 그 중 〈태극기 휘날리며〉는 최초로 풀 디아이를 거친 작품으로 국내의 기술력이 만들어낸 효과적인 디지털 인터미디어트의 결과를 보여준다. 이전 단계에서 쌓였던 시행착오들이 노하우가 되어 제대로 빛을 발한 것이다. 그 이후 점점 디지털 인터미디어트를 시도하는 영화들이 많아졌고 만족스러운 결과를 얻었다. 아날로그 색

촬영된 원본 필름과 CG를 입히고 색보정을 거친 후의 장면.

보정으로는 전체적인 톤을 어둡거나 밝게 만들고, 색의 톤을 바꾸면 (인물과 배경을 구분할 것 없이) 전체적인 색이 바뀐다. 하지만 디지털 인터미디어트로는 한 장면에서도 부분적인 보정이 가능하고, 전체적으로 톤을 맞추는 작업도 훨씬 더 세밀하고 완성도 있게 해낼 수 있다.

〈괴물〉은 2006년 3월 9일에 디지털 인터미디어트 작업을 시작해서 6월 말에 끝냈다. 영화 〈괴물〉의 개봉 이전, 제작사에서는 영화 내용과 괴물의 모습에 대한 보안 정책에 삼엄하게 신경을 썼다. 그러다 봄쯤에 있었던 기술 시사 단계에서 내용이 유출되어 시중에 흘러나온 적이 있었는데 가장 먼저 의심(?)을 받았던 팀이 바로 디지털 인터미디어트팀이었다. 영화 전체를 디지털 처리해서 작업하기 때문에 그만큼 유출되기 쉽기 때문이다. 결국 디지털 인터미디어트팀에서 유출되지 않은 것으로 판명이 났고, 그런 우여곡절을 거친 끝에 완성된 디지털 인터미디어트작업은 기자 시사 단계에서 찬사를 받을 만큼 훌륭했다. 물론 촬영 단계의 단점을 디지털 후반작업이 메워줄 수는 없다. 하지만 훌륭한 후반작업은 잘 만들어진 촬영 단계까지의 작업과 시너지 효과를 이뤄내면서, 영화의 완성도를 끌어올린다. 이제는 작은 규모의 한국영화들도 디지털 인터미디어트작업을 많이 거치고 있다. 디지털 후반작업에 대한 인식과 이해가 좀 더 보편화되어서, 프리 프로덕션과 프로덕션 단계에서도 후반작업을 의식한 준비가 필요한 단계인 것이다.

동시녹음

이승철 기사

필모그래피 〈친절한 금자씨〉 〈오아시스〉 〈스캔들: 조선 남녀 상열지사〉 〈복수는 나의 것〉 〈오! 브라더스〉 〈클래식〉 〈초록물고기〉 〈아름다운시절〉 〈박봉곤 가출 사건〉 〈접속〉 〈박하사탕〉

동시녹음은 배우의 대사를 '픽업' 하는 데에 주안점을 두면서, 후시 녹음 때에는 가이드로 쓰인다.

영화 〈괴물〉의 동시녹음은 현장에서 무선 마이크가 많이 사용되었던 것이 특징이다. 영화의 내용상 야외 촬영에 움직이는 장면이 많았기 때문이다. 동시녹음이 가장 어려웠던 장면으로는 하수구에서 강두 가족이 총을 들고 현서를 찾는 장면이었다고 한다. 또 비가 내리는 장면이 많아 습기에 약한 녹음장비를 관리하며, 마이크가 젖지 않도록 보호하느라 동시녹음팀이 애를 먹었다.

소리가 많이 울릴 것이라 미리 걱정했던 우수구 촬영 장면은 다행히도 대사가 많지 않아서 무선 마이크로 해결되었다. 동시녹음에 애로가 있을 거라 염려했던 또 하나의 장소는 한강변. 한강 둔치 옆을 달리는 엄청난 규모의 차에서 나오는 하루 24시간 멈추지 않는 자동차 소음은 통제도 되지 않으니만큼 녹음팀의 걱정이 없을 수 없었다. 하지만 정작 현장에서 테스트해본 결과 차도보다 둔치의 지대가 낮아 염려했던 것만큼 차량 소음은 크지 않았다고 한다. 다만 앰뷸런스나 경찰차 등이 사이렌을 울리고 지나가기도 하고, 영화 중에도 이런 특수차량들이 많이 나와서 그런 부분들의 오디오를 조절하는 데에 제약이 많았다.

믹싱

최태영 실장

필모그래피 〈비트〉로 영화 데뷔 | 〈화산고〉 국내 최초 6.1채널작업 | 봉준호 감독과 〈플란다스의 개〉 〈살인의 추억〉 함께 작업 | 현재 〈중천〉 〈예의없는 것들〉 작업 중

봉준호 감독의 〈플란다스의 개〉 〈살인의 추억〉을 함께 작업했던 라이브톤의 최태영 실장이 〈괴물〉에서도 음향을 맡았다. 프리프로덕션 단계에서부터 함께 '소리'에 대한 고민을 했던 사운드팀은, 영화의 배경이 되는 한강 둔치나 하수구(우수구) 등의 공간의 소음 때문에 처음부터 후시녹음의 가능성을 배제하지 않았다고 한다.

〈괴물〉의 사운드는 Dolby Digital Surround EX 6.1 CH이다. 기존의 5.1 채널에 백서라운드가 추가된 것이다. 괴물의 움직임을 생생하게 드러내기 위해, 사운드도 레프트-백-라이트-프론트로 패닝하였다. 이렇게 소리의 움직임과 강약 변화가 많은, 입체적이고 풍부한 사운드를 표현하기 위해 현재 헐리웃 블록버스터 영화 작업에 이용되는 최첨단의 AMS-NEVE DFC Gemini Console을 이용, 총 144트랙

의 소리를 담았다(그 중 괴물 소리만 48트랙이다).

괴물의 '목소리'를 만드는 것이 영화 〈괴물〉의 도전이었다. 프리 프로덕션 단계에서 시나리오만으로는 괴물의 소리를 상상하기 어려웠기 때문이다. 괴물의 크기나 특성에 대한 느낌이 시나리오로는 충분히 전달되지 않았다. 2005년 5월경, 프리페인팅과 장희철 씨의 괴물 디자인 등을 보고 난 사운드팀이 만들어낸 소리는 공룡의 그것이었다. 하지만 미리 넣어본 공룡 소리는 〈괴물〉의 괴물에 비해 너무 비대하다는 느낌이었다. 킹콩 등의 포유류나 〈쥬라기 공원〉 〈고질라〉의 공룡들은 '괴물'보다 너무 컸고 소리 역시 두껍고 컸다. 더구나 '괴물'은 포유류가 아닌 어류와 여러 다른 수생 동물들의 돌연변이였다. 괴물의 소리를 의뢰한 미국의 사운드독(Sound Dogs)에서 처음 맞

춰 온 소리는 개였다. 그러다 사운드독 측에서 제안한 소리는 바다 사자(Sea Lion)였다. 음원을 미국에서 구입해왔다. 하지만 이 자연음만으로는 충분치 않았다. '괴물'에게는 캐릭터가 있었기 때문이다.

〈괴물〉의 괴물에게는 성격과 감정이 있었다. 둔치에서 희봉을 죽일 때의 사악하면서 분노한 느낌, 희생자들을 추격하면서 잡을 때의 느낌, 은신처에서 현서를 찾을 때 '뭔가 소리가 난 것 같은데 무슨 소리지?' 라며 의아해하는 느낌, 죽어가는 장면에서는 억울함에서 나오는 '나도 피해자다!' 라는 절규의 느낌… 이런 괴물의 목소리를 완성하기 위해서 연기자의 목소리가 필요했다. 결국은 봉준호 감독이 오달수 씨를 데려왔다. 오달수 씨는 이틀 동안 괴물이 되어 목소리 연기를 해야 했다. 사람의 목소리라서 괴물의 톤으로 만들기 위해 피치(Pitch)를 낮춰주면서, 바다사자의 목소리와 섞었다. 매점에 올라갔다가 총을 맞고 떨어지는 장면의 '꽥' 소리는 돼지 소리로, 라이브톤에서 만들어서 함께 넣었다. 그 밖에 괴물이 혓바닥으로 핥는 소리(젤리를 손에 묻혀 비벼서 만듦), 벽을 타고 가는 소리(샌드백을 장갑으로 툭툭 쳐서 만듦) 등도 만들어 넣었다. 촬영 전부터 시작된 '괴물'의 목소리에 대한 고민이 2006년 1월에 개 소리, 2월에 바다사자 소리로 이어지다가 3월 이후 오달수 씨가 합세했으니 현재의 괴물 목소리는 1년이 훨씬 넘는 고민 끝에 얻은 결과인 것이다. 이후부터는 4월에 드라마와 관련된 각종 소스작업을 하고 5월 초에 믹싱에 들어가 6월 말에 음악을 포함한 마무리작업까지를 마쳤다.

만약 괴물이 할리우드의 기존 괴수장르 영화의 문법을 따르는 영화였다면 사운드팀에서도 영화 전체의 사운드 톤을 결정하는 데에 고민이 덜했을 것이다. 하지만 괴물이 나온다는 사실을 제외한다면 영화 〈괴물〉은 평범(또는 평범 이하의) 서민들이 나오면서, 리얼리티가 무엇보다도 중요하다는 복합성을 띠고 있다. 미술이나 촬영, 조명 등의 모든 프로덕션이 거기에 초점을 맞추고 있었다. 사운드 역시 괴물이 나오는 부분은 어느 정도의 판타지 느낌을 주면서 괴물이 나오지 않는 부분은 현실적이어야 하며 그 두 부분이 어색하지 않게 어울리도록 만들기 위해 신경을 써야 했다. 〈플란다스의 개〉나 〈살인의 추억〉이 〈고질라〉와 함께 있는 영화라고 해야 할까.

〈괴물〉의 사운드 믹싱작업에서 가장 어려웠던 부분으로 최태영 실장은 병원 탈출 장면을 꼽는다. 이 장면은 배우들이 계속 뛰어다니기 때문에 동시녹음이 일단 어려웠고, 음악도 계속 들어가 있다. 빠르게 움직이는 화면이라 음악을 뺄 수도 없다. 대사가 잘 들리면서도 그림의 호흡과 음악의 리듬감이 맞아 떨어져야 하는 것이 관건.

강두와 괴물이 마지막으로 싸우는 장면에서는 기술적인 면보다는 감정의 균형과 조절이 문제였다. 흔히 이런 대결 장면에서는 강한 효과를 주기 위해 사운드 이펙트를 크게 간다. 반면 현서를 괴물의 입에서 꺼내고 아이의 죽음을 확인하는 등의 장면에서는 감정을 쌓아가는 음악이 들어가야 한다. 이 두 부분을 어떻게 조율할 것인가는 사운드팀의 숙제. 음악을 강조한다면 대결의 긴박감과 강렬함이 사라진 뮤직비디오가 되고, 그렇다고 대결 부분의 이펙트를 강조하면 정서적인 느낌이 없는 액션이 되기 쉬웠다.

사운드라는 면에서 볼 때 사운드팀이 〈괴물〉에서 좋아하는 장면은 강두가 괴물의 은신처 입구에 매달려 있는 장면. 강두가 매달려 있는 위로 괴물이 달려가는데 입 밖으로 현서의 팔이 늘어져 있다. 이 장면에서 괴물의 발소리와 숨소리, 피부가 스치는 소리 등이 왼쪽에서 오른쪽으로 그림과 함께 서라운드로 빠르게 지나간다. 또 괴물이 앵벌이 형제를 내려놓고 꼬리를 휘두르며 지나가는 장면도 관객들은 잘 모를 수 있지만 사운드 효과에서는 세심하게 신경을 쓴 부분의 하나다. 괴물이 벽을 스치며 꼬리를 흔드는데 이때의 벽을 스치는 소리, 왼쪽에서 오른쪽으로 휘두르는 소리에 맞춰 사운드가 패닝되면서 벽과 꼬리가 스치는 디테일과 질감이 살아 있다. 사운드팀에서는 이 소리가 너무 좋아서 좀 더 높이고 싶었지만 봉준호 감독은 낮추자고 요구를 했고 결과는 감독의 입장에 따랐다. 봉 감독은 소리 연출에 민감한 편이라고 한다. 예를 들어 하수구에서 배우가 뛰어갈 때 바닥에 고여 있던 물이 튀긴다면, 물소리와 함께 바닥에 있던 진흙이 딸려 올라와 질퍽거리는 느낌도 살아나야 한다는 주문을 했을 정도로.

영화의 사운드는 기술적인 테크닉의 문제가 아니라 정서적 테크닉의 문제라는 것이 최태영 실장의 생각이다. 물론 사운드에 대한 기술적인 이해가 처음부터 전제되어야 그 정서적인 차원도 얻어지기는 하지만 말이다. 영화의 프로덕션 단계를 책임지는 스태프들이 사운드에 대해서도 기술적, 정서적인 이해를 조금 더 높여주었으면 좋겠다는 것이 그의 바람이다.

CAST & STAFFS

OPENING CREDIT

제공 | 청어람, 쇼박스㈜미디어플렉스

공동제공

Happinet Corporation | OCN 지식과창조벤처투자(주)

주식회사기은캐피탈 | 씨네클릭아시아

코웰엔터테인먼트투자조합 | (주)바이넥스트창업투자

MM인베스트먼트(주) | SBS | 엠벤처투자주식회사

튜브픽처스(주) | (주)세고엔터테인먼트 | CJ창업투자(주)

보스톤영상전문투자조합 | 소빅창업투자주식회사

크리스마스엔터테인먼트

배급 | 쇼박스㈜미디어플렉스

제작 | 청어람

제작 | 최용배

제작투자 | 최용배, 김우택

각본 | 봉준호, 하준원, 백철현

촬영감독 | 김형구

조명감독 | 이강산, 정영민

프로덕션 디자이너 | 류성희

VFX Supervisor | Kevin Rafferty

Visual Effects and Animation by

The Orphanage Inc., San Francisco, California

분장&헤어 | 송종희

의상 | 조상경

동시녹음 | 이승철

사운드슈퍼바이저 | 최태영(Live Tone)

음악 | 이병우(musikdorf)

편집 | 김선민

제작실장 | 박봉수

조감독 | 김준수

프로듀서 | 조능연

감독 | 봉준호

ENDING CREDIT

박강두 송강호 SONG Kang-ho

박희봉 변희봉 BYUN Hee-bong

박남일 박해일 PARK Hae-il

박남주 배두나 BAE Doo-na

박현서 고아성 KO A-sung

괴물 디자인 | 장희철

시각효과 및 괴물 애니메이션 | 오퍼니지

The Orphanage Inc. San Francisco California

컴퓨터그래픽스 | 이오엔

괴물 매킷 제작 | 웨타워크숍

Weta Workshop Ltd., Wellington, New Zealand

괴물 애니메트로닉스 | 존 콕스 John Cox

특수효과 | 김병기 (FUTURE VISION)

특수분장 | 곽태용, 황효균(CELL)

CAST

괴물Voice | 오달수

세진 | 이재응,

세주 | 이동호

노숙자 | 윤제문,

뚱게바라 | 임필성

노랑 1 | 김뢰하

구청 조과장, 유연수

흥신소 직원 | 박노식

인질 간호사 | 고수희

더글라스 | Scott Wilson

군무원 김씨 | 김학선

미국인 의사 | Paul Lazar

젊은 한국의사 | Brian Lee

도날드 하사 | David Josep Anselmo

도날드 애인 | 신승리

격리공간 의사1 | 권병길

격리공간 의사2 | 손진호

방역차마른남 | 백도빈

방역차염색남 | 박정기

격리병원 의사 | 정인기

격리병원 순경 | 박진우

낚시꾼1 | 맹봉학

낚시꾼2 | 손진환

윤사장 | 권혁풍

윤사장 친구 | 신현종

윤사장 직원 | 정강희

택시기사 | 유승목

커플남 | 이응재

커플녀 | 김다영

예비신랑 | 박경목

예비신부 | 권방현

사진사 | 김바다

늙은 경비원 | 김상조

맞선남 | 최두영

맞선녀 | 송경하

4번돗자리1 │ 이종윤	STAFF	제작회계 │ 김민경 성은정
4번돗자리2 │ 이동용		뉴질랜드 코디네이터 │ 정원조
4번돗자리3 │ 정형호		Local Coordinating in San Francisco California by
5번돗자리 여 │ 김다연	제작 │ 최용배	Digitrove Inc.
폰카남 │ 지하건	감독 │ 봉준호	촬영팀 │ 서민수 추광채 박성주 채충희 조방현
폰카녀 │ 문회라	제작투자 │ 최용배 김우택	
긴머리 여자 │ 한세아	투자책임 │ 정진기 정태성	B카메라 │ 성승택
뚱뚱남 │ 이훈진	공동제공 │ Hiroshi Kawai 김성수 전일선 김용우 김도훈 이	C카메라 │ 김병서
발동동 아줌마 │ 나미란	영민 김영훈 김지훈 김하정 홍성혁 황우현 김응석 이용우 김	Grip장비 │ 영화사랑
뒤바뀐 소녀 │ 서하늘	현우 박현태 김영대	Key Grip │ 최운진
버스 안 할머니 │ 손영순	투자기획 │ 마상준	Grip │ 최용재 구혁 김동길 민경만 박찬희
소녀 아버지 │ 이승진	제작 │ 청어람	조명팀 │ 김용성〔K Lighting Crew〕 김승현 백광용 연창흠
오리배 남 │ 최대성	제공 │ 청어람 쇼박스㈜미디어플렉스	신승훈 김한누리 최성진
오리배 여 │ 김난희	배급 │ 쇼박스㈜미디어플렉스	조명 스크립터 │ 유근희
분향소 경비원 │ 민경진	각본 │ 봉준호 하준원 백철현	발전차 │ 서대식
통곡아줌마 │ 김보현	윤색 │ 주 별	미술팀장 │ 이청미 임근영
격리병원 간호사1 │ 김비비	프로듀서 │ 조능연	미술팀 │ 오재영 곽윤행 조한목 반효주 최원규
격리병원 간호사2 │ 김효선	촬영 │ 김형구	Creature Design Special Thanks To │ 오우진
홍신소부하1 │ 최재섭	조명 │ 이강산 정영민	Illust & StoryBoard │ 하광민
홍신소부하2 │ 김창렬	프로덕션 디자이너 │ 류성희	Previsual Pre Painting │ 이지송
홍신소부하3 │ 김대근	의상 │ 조상경	Animatics │ 강종익 김동현〔Insight Visual〕 이창규
세균부대1 │ 성열석	분장&헤어 │ 송종희	"AgentYellow" Design │ 조민수
형사1 │ 조영규	동시녹음 │ 이승철	Visual Effects Consulting by Nina Rappaport
형사2 │ 조덕제		Kymber Lim Seryong Kim
형사3 │ 최교식	VFX Supervisor │ Kevin Rafferty	소품 │ 장석호
발포경찰 │ 김종준	Visual Effects Executive Producer │ Marc Sadeghi	소품팀장 │ 유정은
격리공간 조무사1 │ 고창석	Visual Effects Executive Producer │ Luke O' Byrne	소품팀 │ 류현정 김부섭 모일영
격리공간 조무사2 │ 유인수	Visual Effects Producer │ Arin Finger	특수효과팀장 │ 도광일 안상현 김만승
시위대 엉뚱남 │ 정원조		특수효과팀 │ 구형만 박신배 이상영 장석훈 김효식
시위대 엉뚱녀 │ 서영주	편집 │ 김선민	이가람 박한곤
미의회 대변인 │ Martin E. Cayce	음악 │ 이병우〔musikdorf〕	특수효과 크레인 │ 강덕남〔명보크레인〕
A.Y요원 │ Clinton Morgan	사운드슈퍼바이저 │ 최태영〔Live Tone〕	특수효과 살수차 │ 박한곤 엄성일〔경인살수〕
뉴스 앵커 │ 최일구 앵커, 김수진 아나운서	조감독 │ 김준수	무술감독 │ 양길영〔서울액션스쿨〕
뉴스 기자 │ 김원장 기자, 유형서 아나운서, 홍원기 아나운서	연출팀 │ 이원희 김민석 조원열 김경모 강지이 김성회	특수분장팀장 │ 이희은 강은진 최창희 서현기
목소리출연 │ 김병훈 아나운서, 송정애 아나운서,		의상팀 │ 곽정애 이혜임 김현선
조진영 아나운서, 이준호	스크립터 │ 하준원	분장팀 │ 조상현 이은주 박주연
A.Y 안내방송 │ 강희선, Cristen Cho	현장편집 │ 백철현	헤어팀 │ 이은미 박주희
양궁해설 │ 홍원기 캐스터, 이왕우 해설자	제작실장 │ 박봉수	동시녹음팀 │ 이은주 서현주
	제작부장 │ 이준엽 김창렬 김대근 이연호	편집어시스턴트/네가편집 │ 정현정 배선옥
	제작팀 │ 송웅운 제아미 조군원 이승룡 김재희 김도연	미국 캐스팅 진행 │ John Jackson C.S.A

촬영장비 | ACAM(김남영)

스테디캠 | 여경보

스테디캠 촬영팀 | 김대림

지미집 | 박천복 이재인

지미집 촬영팀 | 이현규 오은석 문주천 양영민

조명장비 | 한솔데이라이트(정웅택 김웅수) 그린 상사(정재수)

조명크레인 | 이기준

Cable Cam   E&I

HD 장비 | 최재혁

Film | 윤관노(FUJI Film)

의상제작 | 이승덕 이영미

세트 | 양홍삼(사람들)

세트팀장 | 이진우

세트팀 | 김현근 이충환 김덕두 허서형 윤광현 김용덕 서동훈 김승경

에이전트옐로 제작 | 오선교(Art Infra)

에이전트옐로 제작팀 | 박경덕 유주오 송흥업 최명선 최동락 손 천 오민환 김창완

특수의상 | 설용근(Metal Jacket)

특수의상팀 | 이윤정 함원규 김동환

무술지도 | 송민석

무술팀 | 이홍표 권승우 박근석 윤정석 서지오 김원중 조주현 서승억 박상욱 한정욱 김일중 박광설 양해길 이형길 정오표 김이호 김종준 장한승 손정민 정윤현 정윤성 홍남희 정명규 구정욱 윤연규 배재일 권문철 이상철 윤대원 송원종 강영묵 백동현 김석준 이기완 박지만 양우진 곽진석 권귀덕 신성일 이태영 남성원 김용백 서명석

Computer Graphics | EON Digital Films

FX Director | 이전형

FX Art Director | 한영우

FX Technical Director | 정성진

FX Team Manager | 이주원

FX 3D Director | 최재천

FX Artist | 임재현 박민수 백경수

FX Team Manager | 나일환

Audio Production | 라이브톤

Sound Supervisor | 최태영

Re-Recording Mixer | 최태영 박용기

Sound Designer | 이인규 조예진

SFX Editor | 강혜영 김미라

ADR Mixer | 김영록

Dialog Editor | 박용기

Foley Recordist | 최용오 이동환

Foley Artist | 이창호 박준오

Technical Supporter | 이인규

Studio Manager | 강병하

Optical Sound Recording | 박기영 김귀형(제론사운드)

Dolby Consultant | 김재경 김경태

괴물사운드

Sound Design | Sean Garnhart Coll Anderson

Additional Sound | Rob Nokes Sounddogs.com

해외 ADR팀

ADR Supervisor | Yasuaki Nakajima

ADR Engineer | Mark DeSimone

ADR Studio | Magno Sound and Video New York

음악 | musikdorf

음악감독 | 이병우 musikdorf

작곡/편곡 | 이병우

음악 조감독 | 신이경

뮤직어시스턴트 | 김남혁

컴퓨터음악 | 김남혁 권태용

기타연주 | 이병우

피아노 | 신이경 Brian Suits

아코디언연주 | 신이경

트럼펫 | 이주한

퍼커션 | 박윤

오보에 | 임정희

스트링 편곡/지휘 | Brian Suits

제1 바이올린 | 윤수영 박지선 김홍준 안지윤 김혜정 이영민 박지인 김필균

제2 바이올린 | 김선희 이서영 김성혜 이석중 유샛별

첼로 | 채희철 양선원 정 진

비올라 | 박해정 김병완 김재윤 이윤정

톤 마이스터 | 정남일

콘트라베이스 | 이창형 곽효일

OST홍보/진행 | 김재원 서아름

녹음스튜디오 | musikdorf 스튜디오 녹음 김남혁 문화콘텐츠진흥원 스튜디오녹음 구종필

O.S.T기획/제작 | musikdorf㈜ 음악이 있는 마을

Digital Intermediate HFR

Lab manager | 신충섭

Colorist | 이용기 김형석 박진호 남형석

Digital Cinema Colorist | 김기석 이용제 김진한

Digital Restoration | 이재우 배재순 최정문 이연선 이선미

Digital Film Scan / Record | 김승원 이호우 손현일

Telecine Master | 김태성 나종찬

Lab. Superviser | 김용범

Lab. Master | 옥임식

Lab. Operation | 김기문

Quvic Digital Cinema | 벤허 코퍼레이션

Digital Cinema Superviser | 허 은

Digital Cinema Master | 임호영 고형진 채정호 오한택 고경환 이찬월

현상 | (주)H.I.T ((구)헐리우드현상소)

Negative Process | 한충구 정의웅 황성수

Positive Process | 박용규 전유제 안태원 이준형 곽종우 조성욱 심동욱

Sound Process&Chemical Analysis | 최정영 김성대 황인영

Inspection | 임진오 양은하

Printing | 김학성 강명훈 최진수 김성섭

Color Timing | 오성욱

Keycode Telecine | 이상미

SET STUDIO | 남양주 종합촬영소 낙스&남아미술센터

KBS 수원 특수촬영장

로케이션지원 | 강석필 김미해(서울시 영상위원회)

제작지원 | 송병철 김태우 박현배

조명지원 | 황성록 윤희규

양궁지도 | 조춘봉 오교문(수원시청)

사격지도 | 김철훈 한지호(대한수렵협회)

스쿠버다이빙 지도 | 김지수 서준보

시나리오 영어번역 | Darcy Paquet
시나리오 일어번역 | 연지미 Nemoto Rie
영어통역 | 김나정 김효선 신승리
독일어 대사지도 | 하이디강
영어대사지도 | 신동영
영어 자막 번역 | Michael Hurt
법률자문 | 권세현(법무법인 집현)
세법자문 | 김경률
보조출연 | 이옥희(ID)
상해보험 | 유인종(현대해상화재보험)
촬영버스 | 정석원 정준수
분장차 | 정동찬 정재광
렉카 | 우금호(금호렉카) 원정웅
차량대여 | 백중길(금호상사) 이기현(남안아트) 홍기명(일죽
폐차산업) GAEA
보트대여 | 한상덕(한수종합개발)
식사캐터링서비스 | 김자영(수라상)
음료캐터링서비스 | 서동휘
송강호매니저 | 심필보 최민석 김진구(별모아)
변희봉매니저 | 선원경
박해일매니저 | 배성은 손인철(M-PLAN)
배두나매니저 | 김도연 임현철(바른손) 최범수

청어람

투자관리 | 양하영
제작관리 | 김태완 박선영
투자관리지원 | 김윤영 최지선
Overseas Line Producing/해외투자진행 | 김태완 장준영
마케팅 총괄 | 심영순
마케팅 관리 | 정현주
마케팅 책임 | 박혜영 나채진
마케팅 지원 | 박초로미
광고 디자인 | 김상만 박수연(임페터스)
광고 사진 | 김중만
본 예고편 | 장선일 변재현 김혜원 서용석(서울비젼)
티저 예고편 | 정광진
메이킹 촬영 | 여광수 이윤도 조영윤(본프로덕션)
메이킹 편집 동영상 제작 | 하명미 조영윤(본프로덕션)
현장 사진 | 한세준 김지혜 정효정

홈페이지 | 더즈(d.o.E.S)
호스팅 | ㈜가비아
온라인 마케팅 | ㈜나인앤미디어
프로모션 | 소진숙 한세진 오병주(㈜영화인)
인쇄 | ㈜대경토탈
부가판권대행 | 와이쥬 크리에이티브

쇼박스

투자관리총괄 | 장광훈
투자관리책임 | 오은영
투자관리지원 | 김우재 김이정 정재욱 함진 김지혜
프로덕션슈퍼바이저 | 허 원
투자회계총괄 | 김명종
투자회계책임 | 최원용
투자회계 | 김준엽 최규환 조원태 김보영
마케팅총괄 | 박은경
마케팅책임 | 김지연 장민석
마케팅지원 | 박준경 이현정 윤누리 현나영 유동민
국내배급총괄 | 권미정
국내배급책임 | 정성원 권지원 문영우
해외배급총괄 | 안정원
해외배급책임 | 이 현 정영홍 이경진 김소영 김대중
CRS 총괄 | 김대선
CRS 책임 | 이준형 임현준
홍보총괄 | 김태성
홍보책임 | 박진위 최근하

씨네클릭아시아

해외배급책임 | 김도훈 서영주
해외배급진행 | 지상은 김윤정 박인아

THE ORPHANAGE STAFF 〔Creature 관련〕
Senior Visual Effects Producer | Paul Hettler
Visual Effects Digital Production Manager
Lisa Todd / Mary Beth Worzella
Computer Graphics Supervisors | Shadi
Almassizadeh
Computer Graphics Sequence Supervisors

Brian Kulig / Michael Spaw
Animation Supervisor | Webster Colcord
Creature Supervisor | Corey Rosen
Visual Effects Coordinators | Juan Bronson / Karen
Kelly / Kelly Kim
Visual Effects Production Assistant | Renee Ward
Lead Animators | Neil Michka / Andrew Schneider

Animators
Jan Van Buyten / Bruce Dahl / Makoto Koyama /
Scott Kravitz / Daniel Loeb / Jonathan Lyons / David
Parsons / Salvador Ruiz

Lead Digital Artists | Nathan Fariss / Michael Janov /
Rifaat Dagher
Lead Look Development Artist | Irfan Celik

Digital Artists
Joshua Cardenas / Kathleen Cosby / Trina Espinoza /
Mark Hamilton / Jonathan Harman / Michal Kriukow
/ Matt Moses / Jaewook Park / Ralph Procida / Joe
Scarr / Ken Wesley

Lead Compositors | Alex Prichard / Steve Jaworski

Compositors
Kirstin Bradfield / Youjin Choung / Jesse Fernley /
Kyle McCulloch / Natalie Nolan / Dav Rauch / Jesse
Russell / Moshe Sayada

Modelers
Daniela Calafatello / Brook Kievit / SeungJang 'Jack'
Kim / Sasha Pouchkarev / Stan Seo / Creature
Rigger: Stephane Cros / Ki Jong Hong

Matchmove/Rotoscope Coordinator | Tiffany Wu
Matchmove Supervisor | Tim Dobbert
Matchmove Lead | Brian Tolle

Matchmove Artists

Francis Camacho / Wei Chin Chen / Greg Durrett / Tyler Ham / Kevin Hoppe / Jessica Lai / Michael Lester / Tiffany Lo / Christopher Paul / David Petry / Charlie Schwartz / Nick Sinnott

Rotoscope Supervisor | Aaron Rhodes
Rotoscope Lead | Jeremy Cho

Rotoscope Artists
Lindsay Anderson / Kevin Coyle / Pallavi Devabhaktuni / Andi Dorfan / Katherine Evans / Marianne Heath / Sunghwan Hong / Jessica Hsieh / Heath Kraynak / Soyoun Lee / Ross Nakamura / Grover Richardson

Editorial Supervisor | Carl Walters
Visual Effects Editor | Carrie Cassada
Visual Effects Assistant Editors | Michael Hutchinson / Jimmy Lillard
Software Development Manager | Jeremy Yabrow
Software Development | Simon Eves / David Gladstein / Brent Villalobos
Information Technology Director | Brendan Coffey
Systems Engineering | Greg Dunn / Robert Barker
Manager of Support and Resource Admin
Juli Gumbiner / Todd Lindo
Support | Joe D'Amato / Kate Geaghan / Michael Oregon

Resource Technical Assistants
David Stern-Gottfried / David Lam / Kevin Mains / Alex Orzulak

Production Operations Manager | Tony Hurd
Human Resources | Andrea Yelle
Recruiter | Sharon Fitzgerald
Publicist | Rama Dunayevich
Production Accountant | Christopher Abeyta

The Orphanage Senior Staff

Daniel Gloates / Stu Maschwitz / Dan McNamara / Jonathan Rothbart / Carsten SØrensen / Scott Stewart
JOHN COX'S CREATURE WORKSHOP STAFF
Animatronix Supervisor | John Cox
Sculptors Painter
David Renn / Steven Parker / Liam Hardy
Richard Mueck / Toby Barron
Mold Making/Foam Latex Fabricators
Tobias Jahke / Josh Head / Brett Beacham
Animatronix
Steven Renn / James Paul / Mark Sloane / Sonny Tilders
Fabricator Hair technician
Janine Bray / Cheryl Newton
Project Co-Ordinator Administrator
Julie Anderson / Teisha Brook
On-Set Puppeteer Crew
Richard Mueck / Phillip Millar / Daniel Carlisle / James Paul

제2회 MBC MOVIES Awards 수상작 (2004 부산국제 영화제 PPP)

괴물 THE HOST
2006년 청어람 작품

THE HOST